AF350221

Créditos

Maestros Esotéricos II

Ecovisiones

Maestros Esotéricos I I/ Ecovisiones

© 2024 Maestros Esotéricos II–Ecovisiones

1ª edición–Santiago, Chile, 2024

www.ecovisiones.cl /tradiciones/esoterismo/Maestros-esotericos.htm

Este libro forma parte de una serie integrada por:
Maestros Esotéricos I
Maestros Esotéricos II
Maestros Esotéricos III

Maestros Esotéricos II

Índice

Introducción

En el umbral de lo místico y lo esotérico se requiere obras destinadas a esclarecer el camino de aquellos buscadores de la verdad oculta, que creen un puente entre el conocimiento ancestral y la inquietud espiritual contemporánea. Este libro, tejido con hilos de sabiduría milenaria y reflexiones profundas, se propone explorar las enseñanzas y legados de maestros esotéricos cuyas vidas y obras han sido faros de luz en la oscuridad, guiando a almas sedientas de conocimiento hacia puertos de comprensión y transformación espiritual.

Desde las arenas del tiempo, figuras como Giordano Bruno, Paracelso, y Santa Teresa de Ávila, entre otros, emergen no solo como personajes históricos, sino como maestros cuyas enseñanzas trascienden las barreras del tiempo y el espacio, ofreciendo herramientas para el despertar espiritual y la alquimia interior. Este libro se adentra en las profundidades de sus filosofías, desentrañando los misterios de la alquimia, la mística, y el hermetismo, y revelando cómo estos antiguos saberes pueden iluminar nuestro camino en el mundo moderno.

Cada capítulo es un viaje a través de la vida y obra de un maestro esotérico, un estudio detallado de sus enseñanzas y cómo estas se entrelazan con la búsqueda universal de la verdad y el conocimiento. A través de sus historias, descubrimos no solo el contexto histórico y cultural en el que vivieron, sino también las luchas, revelaciones y triunfos que definieron sus caminos espirituales. Este libro es una invitación a mirar más allá de lo aparente, a cuestionar, a buscar y, finalmente, a encontrar.

Así, con cada página, el lector es invitado a emprender su propio viaje interior, inspirado por los maestros del pasado, pero guiado por la luz de su propia búsqueda espiritual. Este no es solo un libro sobre figuras históricas y sus doctrinas; es una brújula para el alma, un espejo en el que podemos ver reflejadas nuestras propias inquietudes y aspiraciones espirituales.

Bienvenidos a un viaje a través del esoterismo y la mística, donde las antiguas enseñanzas se revelan como eternamente relevantes, y donde cada descubrimiento nos acerca un paso más a la comprensión de los misterios más profundos de la existencia. Este es un libro para todos aquellos que, en el silencio de su ser, han sentido el llamado a explorar los dominios ocultos del espíritu y del cosmos, y que buscan en las enseñanzas de los maestros esotéricos, la llave para desbloquear los secretos de su propia alma.

Agripa de Nettesheim: Entre la luz y la sombra del Renacimiento

Agripa de Nettesheim, nacido en 1486 en Colonia y fallecido en 1533 en Grenoble, es una figura emblemática del Renacimiento, cuya vida y obra se entretejen con la magia, la ciencia y la controversia. Su travesía intelectual y espiritual lo llevó desde los campos de batalla hasta las aulas universitarias, y desde los pasillos del poder eclesiástico y real hasta las mazmorras de la incomprensión.

Un Espíritu Inquieto en Busca de Conocimiento

Desde sus primeros años, Agripa mostró un insaciable apetito por el conocimiento, sumergiéndose en estudios de teología, derecho, medicina y, sobre todo, en las ciencias ocultas. Su carrera fue tan diversa como su curiosidad: profesor en Pavía, abogado en Metz, médico de la casa de Saboya, e incluso historiador del emperador Carlos V. Sin embargo, fue su profundo interés en la cábala y la magia lo que definió su legado, proponiendo que estas disciplinas ofrecían un puente hacia las fuerzas superiores del universo.

Filosofía del Ocultismo: Un Legado de Sabiduría y Controversia

En su obra cumbre, "Filosofía del Ocultismo", Agripa navegó por las aguas profundas de la magia, clasificándola en tres dominios: física, astral y religiosa. Esta división no solo reflejaba su comprensión holística del mundo sino que también desafiaba las normativas académicas y religiosas de su tiempo. Su audacia intelectual lo llevó a enfrentamientos con los dominicos, quienes lo acusaron de charlatanería, un reflejo de las tensiones entre el conocimiento antiguo y el dogma eclesiástico.

Un Destino Marcado por la Rebeldía

La vida de Agripa fue un reflejo de su época: una era de descubrimientos y conflictos, de luz y sombra. Su paso de la carrera militar a los estudios humanísticos y ocultistas marcó un giro radical que lo estableció como una de las figuras más prominentes del ocultismo renacentista. A pesar de su nobleza de cuna, Agripa eligió un camino de constante búsqueda y, a menudo, de confrontación con las autoridades.

Su temperamento ardiente y su rechazo a someterse a cualquier jerarquía lo llevaron a una vida de peregrinaje forzado, de país en país, buscando siempre la libertad de pensamiento y expresión. Esta rebeldía, que lo caracterizó tanto en vida como en su legado, fue capturada en la descripción contemporánea que lo pintaba como un espíritu que "nada respeta... desprecia, sabe, ignora, llora, ríe, se irrita. Lo destroza todo y de todos se burla".

Legado de un Maestro del Renacimiento

La figura de Agripa de Nettesheim permanece como un faro de la complejidad del Renacimiento, un período que valoraba tanto la erudición como la espiritualidad, pero que también se veía ensombrecido por la persecución y el miedo a lo desconocido. Agripa encarna el espíritu de su tiempo: un hombre de vasto conocimiento, profunda espiritualidad y una inquebrantable dedicación a la búsqueda de la verdad, más allá de los límites impuestos por la sociedad de su época.

En Agripa, encontramos no solo a un estudioso del ocultismo, sino a un pionero que buscó reconciliar el mundo material con el espiritual, desafiando las convenciones y abriendo caminos hacia nuevas formas de entender el universo y nuestra lugar dentro de él. Su vida es un testimonio de la lucha eterna por el conocimiento, la libertad y la trascendencia.

Elogios al Maestro: La Luz de Agripa en la Oscuridad del Escepticismo

La trayectoria de Agripa de Nettesheim no solo estuvo marcada por controversias y desafíos, sino también por el reconocimiento de sus contemporáneos, quienes veían en él a un faro de sabiduría en un mar de ignorancia. Entre estos, el abad Tritemo se destaca no solo como un crítico sino como un admirador de la obra de Agripa, especialmente de su "Filosofía Oculta". La respuesta de Tritemo a Agripa, tras la lectura de su magnum opus, es un testimonio elocuente del impacto que Agripa tuvo en aquellos capaces de apreciar la profundidad de su conocimiento.

Un Reconocimiento de Sabiduría Incomparable

El abad Tritemo, tras examinar la "Filosofía Oculta" de Agripa, no escatimó en elogios hacia el joven erudito. Su admiración por Agripa era palpable, asombrado por cómo, a pesar de su juventud, había logrado desvelar secretos profundos que muchos sabios no habían podido descifrar. Tritemo vio en Agripa no solo a un académico brillante sino a un iluminado, bendecido con una luz de sabiduría divina, capaz de guiar a los demás hacia verdades esotéricas profundas.

Un Camino Lleno de Obstáculos

Sin embargo, la vida de Agripa, como la de muchos visionarios, estuvo lejos de ser un camino llano. A pesar de los elogios y el reconocimiento, sus últimos años fueron tumultuosos. Su nombramiento como archivero real en 1529, un logro largamente perseguido, le permitió casarse por tercera vez, mostrando un breve periodo de estabilidad en una vida marcada por la inestabilidad.

Enfrentamientos con la Iglesia

La Iglesia, viendo en Agripa una amenaza a su autoridad y a las doctrinas establecidas, no cesó en su empeño por silenciar su voz. La muerte de la regente Margarita de los Países Bajos abrió una nueva oportunidad para sus detractores, quienes no dudaron en acusarlo de brujería, llevándolo a la prisión en 1531. Aunque fue liberado dos años después, la libertad de Agripa fue efímera, pues su vida llegó a su fin en 1533.

Un Legado que Trasciende el Tiempo

La historia de Agripa de Nettesheim es la de un hombre que, dotado de una inteligencia y una sabiduría excepcionales, se atrevió a explorar los límites del conocimiento humano y a desafiar las estructuras de poder de su tiempo. Su vida, aunque plagada de desafíos, nos deja un legado de perseverancia en la búsqueda de la verdad, y su obra sigue siendo una fuente de inspiración para aquellos que buscan comprender los misterios del universo.

Agripa nos enseña que el camino hacia el conocimiento es a menudo solitario y lleno de obstáculos, pero que la luz de la sabiduría es capaz de brillar incluso en la oscuridad más profunda, guiando a futuras generaciones en su búsqueda de la verdad. Su vida es un recordatorio de que, a pesar de las adversidades, la sed de conocimiento y la valentía para explorar lo desconocido son las verdaderas llaves para desentrañar los secretos del cosmos.

La Filosofía Oculta: El Legado Inmortal de Agripa

Heinrich Cornelius Agripa de Nettesheim no solo fue un erudito renacentista de vasto conocimiento en múltiples disciplinas, sino también un conector de mundos, tanto literal como metafóricamente. Su habilidad para entablar relaciones con algunos de los sabios más destacados de su tiempo, como Melanchton, Erasmo, el cardenal Campeggi y Paracelso, a quien se rumorea fue maestro, habla de su profunda inserción en el tejido intelectual de la época. Sin embargo, fue su obra "Filosofía Oculta" la que cimentó su reputación como una de las mentes más brillantes y controvertidas del Renacimiento.

Un Puente Entre Lo Visible e Invisible

En "Filosofía Oculta", Agripa navega por el vasto océano de la magia como una ciencia de lo esotérico, argumentando que esta representa una poderosa facultad para comprender la esencia profunda y los efectos de todas las cosas. Para Agripa, el mago es un sabio que, a través del estudio de la naturaleza, descubre las conexiones ocultas entre los diversos reinos del universo, incrementando así su sabiduría.

Los Cuatro Pilares del Ser

Agripa postula que los cuatro elementos básicos —aire, fuego, tierra y agua— son los fundamentos de todo lo existente, manifestándose en tres estados: puros en las estrellas, impuros en la tierra y en una forma compuesta y variable en el medio. Esta visión, profundamente influenciada por las teorías neoplatónicas, sugiere que estos elementos impregnan todo, desde lo físico hasta lo divino, estableciendo un marco universal que conecta todos los aspectos de la existencia.

La Matemática: Clave del Universo

Para Agripa, el conocimiento profundo de las simpatías y antipatías entre seres y cosas es crucial, pero igualmente lo es el dominio de las ciencias matemáticas. Argumenta que las virtudes naturales están intrínsecamente ligadas a los números, los pesos y las medidas, viendo en las matemáticas la fuente de la luz, el movimiento y la armonía del mundo. Esta perspectiva coloca a las matemáticas como una herramienta esencial para entender no solo la armonía musical, vista como un reflejo de la armonía universal, sino también la estructura fundamental del cosmos.

Un Legado de Luz y Sombra

La "Filosofía Oculta" de Agripa se erige como un monumento al pensamiento renacentista, desafiando las fronteras entre la ciencia, la magia y la religión. Su obra invita a una exploración sin prejuicios de la naturaleza y sus misterios, proponiendo un universo en el que todo está interconectado a través de una red de relaciones simbólicas y matemáticas.

Agripa de Nettesheim, a través de su vida y obra, personifica el espíritu inquisitivo y audaz del Renacimiento, un período que redefinió los límites del conocimiento humano. "Filosofía Oculta" no solo es un testimonio de su genio, sino también un faro para aquellos que buscan comprender las leyes ocultas que rigen el universo, recordándonos que en la intersección de la ciencia, la magia y la espiritualidad, yace un camino hacia una comprensión más profunda de la realidad.

Alberto Magno: El Sabio de la Naturaleza y la alquimia

Alberto Magno, conocido posteriormente como San Alberto Magno tras su canonización, emerge como una figura titánica en la intersección del conocimiento medieval, la espiritualidad y la exploración de lo oculto. Nacido en 1193 en una familia aristocrática de Suabia, en las tierras germanas, su vida se desplegó como un vasto tapiz de erudición y búsqueda espiritual, culminando en una influencia perdurable en la filosofía, la ciencia y la teología.

Un Camino de Conocimiento y Devoción

Desde joven, Alberto se embarcó en un viaje intelectual que lo llevó a las prestigiosas universidades de París y Padua, donde abrazó el hábito de los dominicos en su juventud. Su carrera académica fue tan diversa como profunda, abarcando la filosofía, las matemáticas, la medicina y la teología. Su dedicación a la enseñanza y su ascenso a posiciones de liderazgo dentro de la Iglesia, incluyendo el rol de obispo de Ratisbona, reflejan su compromiso con la expansión del conocimiento y la fe. Sin embargo, fue su decisión de renunciar a sus cargos eclesiásticos para dedicarse plenamente a la docencia lo que marcó su verdadera pasión por el aprendizaje y la mentoría.

Un Puente Entre Mundos

Alberto Magno se nutrió de una vasta gama de fuentes, desde la profunda exploración de Aristóteles hasta el rico pensamiento alejandrino, árabe y hebreo. Su amor por las ciencias naturales, la física y la química, junto con su fascinación por la alquimia, lo posicionan como un pionero en la búsqueda de un entendimiento holístico del mundo. La alquimia, en particular, representaba para Alberto no solo un arte místico sino también una vía para comprender las transformaciones fundamentales de la naturaleza.

La Alquimia Según Alberto Magno

La perspectiva de Alberto sobre la alquimia, como sugiere su comentarista Federmann, revela una creencia en la transmutación de los metales, un proceso que implicaba "romper" el estado actual del metal con elixires para luego purificar y combinar los elementos de sulfuro y mercurio, formando así un nuevo metal. Esta visión, aunque compleja, subraya su convicción en la posibilidad de manipular y entender las fuerzas fundamentales de la naturaleza a través de la alquimia.

Un Legado de Sabiduría

La influencia de Alberto Magno se extendió ampliamente, inspirando a sus alumnos y a generaciones futuras a explorar los límites del conocimiento humano. Su convicción de que los Reyes Magos eran filósofos y expertos en magia y astrología es un testimonio de su visión integradora del mundo, donde la fe, la filosofía y la ciencia convergen en una búsqueda unificada de la verdad.

Alberto Magno: Entre la Ciencia y el Esoterismo

Alberto Magno se distingue no solo por su vasta erudición sino también por su enfoque pionero hacia la investigación y el conocimiento, un enfoque que lo situó en un terreno a menudo ambiguo para la Iglesia Católica de su tiempo. A diferencia de su discípulo, Tomás de Aquino, Alberto adoptó una postura abierta hacia la magia y el milagro, equilibrando la fe con un riguroso método científico que le permitía cuestionar y experimentar más allá de las creencias aceptadas.

Un Experimentador Nato

La actitud de Alberto hacia la ciencia y el conocimiento era revolucionaria. Su disposición a documentar experimentos, a afirmar lo que podía demostrar y a cuestionar lo que no, marcó el inicio de un pensamiento científico que sería fundamental para el desarrollo posterior de la ciencia occidental. Esta metodología, basada en la observación y la experimentación, era inusual en su época y lo estableció como una figura excepcional en el ámbito académico.

Pasión por las Ciencias Naturales

Alberto Magno se destacó como un estudioso sin precedentes de la botánica, la mineralogía y la zoología, ganándose la admiración de sus alumnos y colegas, quienes lo veían como una "maravilla y asombro del siglo". Su dedicación a las ciencias naturales, en un tiempo donde la erudición tendía a centrarse en la teología y la filosofía, lo convirtió en un pionero de la investigación empírica.

Contradicciones y Controversias

A pesar de su mente abierta y su enfoque científico, Alberto no estuvo exento de contradicciones. Su participación en actos como la quema del Talmud y la predicación a favor de las Cruzadas refleja las complejidades y los conflictos internos que enfrentó al navegar por las tensiones entre la fe, la ciencia y la política de su tiempo. Estas acciones, que parecen contradecir su amor por el conocimiento derivado de diversas culturas, subrayan la complejidad de su carácter y su época.

Legado y Misterio

La figura de Alberto Magno se ve envuelta en el misterio, con acusaciones de prácticas mágicas y nigrománticas que alimentaron su reputación entre algunos contemporáneos como un hombre en contacto con lo oculto. La anécdota de Tomás de Aquino destruyendo un autómata creado por Alberto, por considerarlo obra de fuerzas diabólicas, ilustra las tensiones entre la innovación y la percepción de la ortodoxia religiosa.

Santificación y Respeto Eterno

Alberto Magno falleció en 1280 en Colonia, dejando tras de sí un legado de curiosidad insaciable y una mente brillante que trascendió las barreras entre la ciencia y la fe. Su canonización como santo de la Iglesia Católica es testimonio de su impacto duradero, no solo como erudito, sino también como hombre de profunda espiritualidad. Alberto, "el más curioso de los hombres", sigue siendo venerado como uno de los pilares del pensamiento medieval, cuya vida y obra continúan inspirando a aquellos que buscan en la confluencia de la ciencia, la fe y lo esotérico, un camino hacia la comprensión del mundo.

Alberto Magno se erige como un coloso del pensamiento medieval, un puente entre la antigüedad y el Renacimiento, cuya vida y obra siguen resonando como un eco de la incesante búsqueda humana por comprender los misterios del universo. Su legado, arraigado en la riqueza de su erudición y la profundidad de su fe, continúa inspirando a aquellos que buscan en la intersección de lo divino y lo natural, lo espiritual y lo científico, un camino hacia la sabiduría verdadera.

Arnaldo de Vilanova: El Alquimista de la Medicina Medieval

En el tapiz vibrante de la España medieval, donde convergían múltiples culturas y se entrelazaban el conocimiento esotérico y la búsqueda de la Gran Obra, emerge la figura enigmática de Arnaldo de Vilanova. Este personaje, envuelto en misterios desde su nacimiento en Valencia alrededor de 1235 hasta su muerte en un naufragio en 1314, representa un fascinante estudio de la dedicación al hermetismo y la alquimia en una época donde tales intereses podían acarrear graves riesgos.

Un Origen Envuelto en Misterio

Durante mucho tiempo, la verdadera patria de Arnaldo fue objeto de debate, confundiéndose con Villeneuve, cerca de Montpellier en Francia. Sin embargo, la investigación contemporánea ha confirmado sus raíces valencianas, añadiendo una capa de certeza a la vida de este ilustre personaje. Arnaldo de Vilanova no solo se destacó como un sabio esotérico y alquimista, sino que su vida estuvo marcada por una incesante dedicación al Arte Real, tanto en su aspecto teórico como práctico.

Un Peregrino del Conocimiento

Es probable que Arnaldo comenzara su educación en un convento de dominicos, para luego expandir sus horizontes en Barcelona, Montpellier y Nápoles. Aunque su estancia en estas ciudades fue breve, fue suficiente para enriquecer profundamente su saber. Barcelona, en particular, le otorgó un prestigio bien merecido como médico, reconociendo su contribución al campo de la medicina.

Contribuciones Médicas y Alquímicas

Arnaldo de Vilanova escribió varios tratados médicos que se convirtieron en referencias clave durante siglos. Su enfoque integraba remedios populares con un éxito notable, sin rehuir el uso de amuletos como la esmeralda, venerada desde la antigüedad en diversas culturas como un potente antídoto contra la epilepsia. Esta fusión de conocimiento popular y esotérico subraya la singularidad de su enfoque médico, que trascendía las fronteras entre la medicina convencional y las prácticas alquímicas.

Caída en Desgracia de Arnaldo de Vilanova

La vida de **Arnaldo de Vilanova** no solo estuvo marcada por sus logros como médico y alquimista sino también por su incursión en el ámbito político y diplomático, lo que eventualmente lo llevaría a enfrentar serias adversidades. Su éxito como médico le ganó el favor del rey de Aragón, cuya recuperación milagrosa bajo el cuidado de Arnaldo fortaleció su posición en la corte y le abrió las puertas a roles más influyentes, incluyendo la participación en misiones diplomáticas.

Ascenso y Participación Política

Nombrado médico de la corte en Sicilia por el príncipe Fadrique, hijo del rey de Aragón, Arnaldo demostró ser tan hábil en la diplomacia como en la medicina. Sin embargo, su dedicación a las ciencias herméticas y su interés en las artes adivinatorias, particularmente su capacidad profética, comenzaron a sembrar las semillas de su futura caída.

Profecías y Antagonismo Papal

La audacia de Arnaldo al vaticinar eventos como la llegada del Anticristo y el fin del mundo para el año 1335 atrajo la inquina papal, marcando el inicio de un periodo de creciente hostilidad hacia él. Su obra, el *Tetragrammaton*, y sus críticas a ciertas prácticas eclesiásticas, como la emisión de bulas papales y la relativización de la importancia de asistir a misa frente a la virtud de la caridad, fueron percibidas como herejías flagrantes por la Iglesia.

Enfrentamientos con la Autoridad

La controversia en torno a Arnaldo no se limitó a la Iglesia. Su viaje a la corte de Francia, donde fue detenido por órdenes de

Felipe el Hermoso, refleja la complejidad de su situación, atrapado entre el reconocimiento por sus habilidades médicas y la desconfianza hacia sus otras actividades. A pesar de convertirse en el médico del monarca francés, la vigilancia sobre sus escritos y acciones por parte del papa Bonifacio VIII nunca cesó.

Condena y Prisión

La presión de la Iglesia culminó con la orden de quemar todas sus obras y la exigencia de que Arnaldo abjurara de sus "errores". Aunque se sometió a las demandas eclesiásticas, no pudo evitar ser encarcelado en los calabozos de la Iglesia, un destino que refleja el peligro que representaba para las autoridades eclesiásticas un intelecto tan libre y crítico como el suyo.

La trayectoria de Arnaldo de Vilanova ilustra la tensión entre el conocimiento avanzado y las estructuras de poder de la época, mostrando cómo la búsqueda de la verdad y la innovación podían conducir tanto al reconocimiento como a la persecución.

Entre la Astrología, la Medicina y la Alquimia

Arnaldo de Vilanova, una figura prominente en el estudio del ocultismo durante la Edad Media, navegó por las aguas de la astrología, la medicina y la alquimia con una destreza que lo distingue de sus contemporáneos. Su enfoque holístico hacia la ciencia y el esoterismo revela un intento de comprender y manipular las fuerzas naturales y celestiales en beneficio de la humanidad.

Astrología y Salud

Arnaldo otorgó una gran importancia a la astrología, convencido de que el destino humano y el éxito de las empresas podían ser influenciados por la configuración celestial. Esta creencia se extendía a la medicina, donde consideraba que las enfermedades estaban significativamente afectadas por el movimiento de los astros. Esta perspectiva, que hoy podríamos ver como una fusión de la astrología médica y la influencia planetaria en la salud, subraya su intento de integrar diversas disciplinas en su práctica médica.

Crítica a la Magia Superficial

A pesar de su apertura hacia lo esotérico, Arnaldo mantenía una postura crítica hacia ciertas formas de magia, especialmente aquellas basadas en la hechicería superficial y los trucos carentes de significado simbólico. Su obra "Impugnación de los brujos" refleja su esfuerzo por distinguir entre las prácticas esotéricas legítimas y aquellas que consideraba engañosas o dañinas. Esta distinción subraya su compromiso con un enfoque más profundo y simbólicamente rico del ocultismo.

Innovación en Medicina

Como médico, Arnaldo de Vilanova fue adelantado a su tiempo, con un amplio repertorio de remedios basados en vegetales y minerales, y técnicas de diagnóstico y terapia que abarcaban una amplia gama de patologías, incluidas las enfermedades mentales. Su recomendación de realizar incisiones en el cráneo para tratar ciertas condiciones neurológicas, aunque controversial, indica su disposición a explorar métodos radicales en busca de soluciones médicas.

La Alquimia como Vocación

La verdadera pasión de Arnaldo, sin embargo, residía en la alquimia. Se declaró abiertamente adepto al Arte Real, siguiendo las teorías del hermético árabe Geber sobre los metales. Su visión sobre el oro alquímico, considerado distinto del oro natural por sus cualidades únicas y su potencial como panacea, refleja su creencia en la alquimia no solo como una búsqueda de transmutación material, sino como un camino hacia el conocimiento profundo y la curación.

Arnaldo de Vilanova se erige como un "filósofo" en el sentido más amplio de la palabra, un maestro consumado cuya obra abarca la intersección de la ciencia, la medicina y el esoterismo. Su vida y legado ofrecen una ventana fascinante a la mente de un verdadero buscador del conocimiento oculto y las verdades universales.

Búsqueda de la Piedra Filosofal

Arnaldo de Vilanova, una figura emblemática en la transición de la alquimia medieval a la química moderna, se encuentra en el centro de un debate histórico sobre su contribución al desarrollo científico. Mientras algunos lo consideran pionero de la química moderna, otros lo ven principalmente como un alquimista excepcional, sin atribuirle el título de científico en el sentido contemporáneo. Sin embargo, la experiencia y práctica de Arnaldo con la piedra filosofal sugieren un profundo conocimiento alquímico que desafía las categorizaciones simples.

La Naturaleza Dual de la Piedra Filosofal

Arnaldo creía firmemente en la capacidad de la piedra filosofal para transmutar metales base en oro o plata, atribuyéndole una naturaleza dual que era clave para su poder transformador. Esta visión refleja una comprensión sofisticada de los procesos alquímicos, donde incluso una pequeña porción de la piedra podría convertir cien porciones de mercurio en metales preciosos. Tal concepción no solo demuestra su habilidad práctica sino también una teoría alquímica avanzada que influiría en las generaciones futuras.

Testimonios de Transmutación

El testimonio de Johannes Andreae, un teólogo contemporáneo, sobre una transmutación realizada por Arnaldo en presencia del papa Bonifacio VIII, subraya la reputación de Arnaldo como un maestro alquimista. La afirmación de Andreae sobre las varillas de oro producidas por Arnaldo refuerza la idea de que sus habilidades y conocimientos alquímicos eran reconocidos y respetados en los círculos más altos.

La Fuerza Secreta de la Naturaleza

Arnaldo sostenía que minerales, vegetales y animales poseen una "propiedad" o fuerza secreta, una cualidad esencial oculta a los sentidos y la razón, pero influenciada significativamente por la composición elemental y el poder de los astros. Esta perspectiva indica una visión holística del mundo, donde la astrología y la alquimia se entrelazan para revelar los secretos de la naturaleza y su gobernanza divina.

Astrología y Medicina

La aplicación de sus conocimientos astrológicos en medicina permitió a Arnaldo realizar descubrimientos notables, como la influencia de los ciclos lunares en el flujo sanguíneo. Esta integración de la astrología en la práctica médica no solo destaca su enfoque innovador sino también su contribución al avance de la medicina basada en una comprensión más profunda de las interacciones entre los cuerpos celestes y la salud humana.

Arnaldo de Vilanova se erige como una figura trascendental en la historia de la alquimia y la ciencia, cuya vida y obra encapsulan la rica intersección de la espiritualidad, la ciencia y el esoterismo. Su exploración de la piedra filosofal y la influencia astrológica en la medicina marcan hitos importantes en el camino hacia una comprensión más integrada y holística del mundo natural y sus misterios.

El Sanador del Cuerpo y el Espíritu

Arnaldo de Vilanova, cuya vida estuvo marcada por la persecución y el encarcelamiento debido a sus prácticas y creencias, encontró su liberación a través del mismo medio que le había otorgado fama y reconocimiento: su excepcional habilidad médica. Su curación del papa Bonifacio VIII, un acto que le valió la libertad y un generoso regalo, subraya la estima y la dependencia que incluso sus detractores tenían hacia sus capacidades curativas.

Un Retorno a la Corte y el Final de un Viaje

Después de su liberación, Arnaldo regresó a la corte del rey Fadrique de Sicilia, buscando refugio y tranquilidad en sus últimos años. Sin embargo, el destino tenía reservada una última misión para él, una misión diplomática que, desafortunadamente, culminaría en tragedia con su muerte en un naufragio alrededor del año 1314. Este trágico final no hizo sino añadir un capítulo más a la leyenda de un hombre cuya vida estuvo llena de aventuras, descubrimientos y desafíos.

Legado Perdurable

La fama de Arnaldo de Vilanova como médico, alquimista, adivino y maestro esotérico perduró mucho más allá de su muerte, dejando una huella indeleble en la historia de la medicina y el esoterismo. Su dedicación no solo a la ciencia hermética sino también a aplicar sus conocimientos de manera práctica y beneficiosa para la sociedad de su tiempo demuestra su compromiso con el bienestar humano en todas sus formas.

Reformador y Curador del Espíritu

Más allá de sus contribuciones a la medicina y la alquimia, Arnaldo se destacó por su valentía al abogar por reformas en instituciones que consideraba corruptas o en declive, incluida la Iglesia. Su visión de un mundo mejor no se limitaba a la curación física; aspiraba a ser un curador del espíritu, un objetivo que persiguió con pasión a pesar de las persecuciones y los desafíos que enfrentó.

Conclusión

Arnaldo de Vilanova fue mucho más que un médico o un alquimista; fue un visionario que buscó sanar no solo los cuerpos sino también las almas de aquellos a su alrededor. Su vida, marcada por la búsqueda incansable de conocimiento y la aplicación práctica de este para el mejoramiento de la sociedad, lo establece como una figura trascendental en la historia del pensamiento médico y esotérico. A través de su trabajo en hospitales y centros de asistencia, así como su valiente defensa de la reforma espiritual y social, Arnaldo demostró que el verdadero camino hacia la curación abarca tanto el cuerpo como el espíritu. Su legado perdura como testimonio de una vida dedicada a la búsqueda de la verdad, la compasión y la curación integral.

Hildegard von Bingen

Nacida en el año 1098 y fallecida en 1179, emerge como una de las figuras más fascinantes y polifacéticas del siglo XII. Su vida y obra trascienden los límites convencionales de la espiritualidad, la ciencia y las artes, convirtiéndola en una pionera en múltiples campos del conocimiento y la expresión humana. Como mística, escritora, compositora, filósofa, científica y abadesa benedictina, Hildegard von Bingen dejó un legado inigualable que continúa inspirando y desafiando a estudiosos y buscadores espirituales hasta el día de hoy.

La singularidad de Hildegard radica no solo en la amplitud de sus contribuciones sino también en la profundidad de su visión, que integraba de manera armoniosa la espiritualidad con el entendimiento práctico del mundo natural. Sus visiones proféticas, documentadas meticulosamente a lo largo de su vida, sirvieron como fuente de inspiración para una obra vasta y diversa que abarcó desde tratados sobre medicina natural y filosofía hasta composiciones musicales de una belleza y complejidad extraordinarias.

El enfoque holístico de Hildegard hacia la salud y la enfermedad, junto con su énfasis en la interconexión entre la humanidad, el cosmos y la naturaleza, la sitúan como una figura adelantada a su tiempo. En una época donde el conocimiento estaba fragmentado y el acceso a la educación era limitado, especialmente para las mujeres, Hildegard von Bingen demostró que era posible abrazar la complejidad del mundo desde una perspectiva integrada y espiritualmente informada.

Contexto Histórico y Personal

Hildegard von Bingen nació en una época de profundos cambios sociales, políticos y religiosos en Europa. El siglo XII fue un período marcado por el renacimiento del aprendizaje, el desarrollo de las universidades y un florecimiento de la vida monástica y espiritual. En este contexto, Hildegard emergió como una figura excepcional, cuya vida y obra reflejan las tensiones y posibilidades de su tiempo.

Orígenes y Primeros Años

Hildegard nació en 1098 en Bermersheim vor der Höhe, cerca de Alzey, en la región de Renania-Palatinado, Alemania, en el seno de una familia noble de menor rango. Fue la décima hija de Hildebert y Mechthild, quienes, siguiendo una tradición común de la época, la ofrecieron como oblata a la Iglesia. A la edad de ocho años, Hildegard fue enviada al monasterio benedictino de Disibodenberg, donde fue educada por la anacoreta Jutta de Sponheim.

Vida Monástica

La vida monástica proporcionó a Hildegard un entorno rico en aprendizaje y práctica espiritual. Bajo la tutela de Jutta, Hildegard profundizó en el estudio de las Sagradas Escrituras, la teología, la música y las ciencias naturales, áreas que más tarde se convertirían en los pilares de su obra. Tras la muerte de Jutta en 1136, Hildegard fue elegida magistra (líder) de la comunidad de monjas, lo que marcó el inicio de su liderazgo espiritual y su producción intelectual.

Revelaciones Místicas

Desde temprana edad, Hildegard experimentó visiones místicas, pero fue solo a los cuarenta y dos años, en 1141, cuando recibió lo que describió como una instrucción divina para registrar estas visiones. Este evento fue decisivo en su vida, impulsándola a escribir y compartir su conocimiento y experiencias espirituales. Sus visiones y su interpretación teológica y cosmológica del mundo formarían la base de su primera obra mayor, *Scivias* (Conoce los caminos).

El contexto histórico y personal de Hildegard von Bingen revela cómo su vida estuvo intrínsecamente ligada a los desarrollos culturales y espirituales de la Edad Media. Su educación monástica, combinada con sus experiencias místicas y su acceso a diversas áreas del conocimiento, la posicionaron de manera única para convertirse en una de las voces más influyentes y originales de su tiempo. La capacidad de Hildegard para navegar y trascender las limitaciones impuestas por su género y su contexto histórico es testimonio de su excepcionalidad como figura espiritual, científica y artística.

Vida Monástica y Visiones Místicas

La vida monástica de Hildegard von Bingen proporcionó el marco para su desarrollo espiritual, intelectual y creativo, marcando profundamente su contribución a la teología, la medicina, la música y la visión del mundo. Este período de su vida estuvo caracterizado por una profunda introspección y el florecimiento de sus visiones místicas, que se convirtieron en la piedra angular de su obra y pensamiento.

Inmersión en la Vida Espiritual

Después de ser entregada como oblata a la Iglesia, Hildegard comenzó su educación y vida religiosa en el monasterio de Disibodenberg. Bajo la guía de Jutta de Sponheim, Hildegard no solo aprendió a leer y escribir, sino que también se sumergió en el estudio de las Sagradas Escrituras, la liturgia y la música sacra. Esta formación temprana sentó las bases para su posterior erudición y práctica espiritual.

El Despertar de las Visiones

Desde muy joven, Hildegard experimentó visiones místicas, pero fue reticente a compartir estas experiencias, excepto con su confesor. No fue hasta 1141, a la edad de 43 años, cuando recibió lo que describió como una voz del cielo que le instruyó a escribir lo que veía y oía.

Liderazgo y Fundación de un Nuevo Monasterio

La habilidad de Hildegard para liderar y su creciente reputación como mujer de profunda sabiduría espiritual la llevaron a ser elegida como magistra tras la muerte de Jutta. Bajo su liderazgo, la comunidad monástica floreció, pero las limitaciones del monasterio de Disibodenberg la llevaron a buscar un nuevo hogar para su creciente comunidad de monjas.

En 1150, con el apoyo de autoridades eclesiásticas y seculares, Hildegard fundó el monasterio de Rupertsberg, cerca de Bingen am Rhein. Este nuevo comienzo marcó una etapa de mayor autonomía y creatividad para Hildegard y sus monjas. En Rupertsberg, Hildegard continuó su trabajo literario, compuso música y profundizó en sus estudios de medicina natural y ciencias.

Impacto de sus Visiones

Las visiones de Hildegard y su interpretación de estas experiencias trascendentales ofrecieron una visión única del divino y su relación con el mundo. A través de sus escritos, Hildegard contribuyó significativamente a la teología cristiana, presentando visiones de una naturaleza vibrante y divinamente inspirada que resonaban con la creencia en un cosmos interconectado y sagrado.

Contribuciones a la Medicina y la Ciencia Natural

Hildegard von Bingen se destacó por su enfoque holístico hacia la salud y la enfermedad, integrando su comprensión de la medicina natural con su visión espiritual del mundo. Sus contribuciones en este campo se basan en la premisa de que el bienestar humano está intrínsecamente ligado a la armonía con el cosmos y la naturaleza.

Contribuciones a la Medicina y la Ciencia Natural

Hildegard von Bingen revolucionó la medicina de su tiempo con un enfoque holístico que integraba el bienestar físico, espiritual y emocional. Sus estudios sobre plantas, animales y minerales, detallados en obras como *Physica* y *Causae et Curae*, ofrecieron una base para el uso de remedios naturales en la curación. Hildegard enfatizó la importancia del equilibrio de los humores en el cuerpo y promovió la prevención de enfermedades a través de una dieta equilibrada y un estilo de vida saludable. Su visión de la salud como un reflejo de la armonía con el cosmos y la naturaleza subraya su papel pionero en la fundación de la medicina holística.

Obra Musical y Composiciones

La música de Hildegard von Bingen constituye una de sus contribuciones más perdurables y espirituales a la cultura. Como compositora, creó una de las primeras obras conservadas atribuidas a un autor conocido en la historia de la música occidental. Sus composiciones, que incluyen himnos, secuencias, antífonas y responsorios, se caracterizan por su originalidad y profundidad espiritual, reflejando su visión mística del mundo. La música de Hildegard, especialmente su colección conocida como *Symphonia armonie celestium revelationum*, sigue siendo interpretada y admirada hoy en día, destacando su genio como una de las primeras figuras importantes en la historia de la música sacra.

Escritos Teológicos y Filosóficos

Hildegard von Bingen dejó un legado teológico y filosófico profundo a través de sus escritos, que abarcan desde visiones místicas hasta reflexiones sobre la naturaleza y la humanidad. Sus obras más significativas en este ámbito ofrecen una visión comprensiva de su pensamiento espiritual y su interpretación del cosmos.

Obras Principales

- **Scivias (Conoce los Caminos)**: En esta obra seminal, Hildegard documenta 26 visiones que abordan temas como la creación del universo, la humanidad y su relación con Dios, y el fin de los tiempos. "Scivias" es tanto una revelación divina como un tratado teológico, donde Hildegard expone su cosmovisión única, integrando elementos cristianos con su entendimiento profundo de la naturaleza.

- **Liber Vitae Meritorum (Libro de los Méritos de la Vida)** y **Liber Divinorum Operum (Libro de las Obras Divinas)**: Estas obras posteriores profundizan en la ética cristiana, la redención y la interacción entre el microcosmos humano y el macrocosmos divino. Hildegard explora la relación simbiótica entre el ser humano y el cosmos, destacando la responsabilidad moral del individuo en el mantenimiento de la armonía universal.

Filosofía de la Interconexión

Un tema recurrente en los escritos teológicos y filosóficos de Hildegard es la interconexión entre todas las formas de vida y la presencia de lo divino en el mundo natural. Veía el universo como una obra de arte divina, donde cada elemento, desde las estrellas hasta las plantas y los seres humanos, desempeña un papel vital en el gran diseño de Dios. Esta visión holística es precursora de muchas ideas modernas sobre ecología y espiritualidad.

Influencia y Relevancia

Los escritos de Hildegard han tenido una influencia duradera en la teología cristiana y el pensamiento filosófico. Su enfoque integrador y su capacidad para ver más allá de las dicotomías tradicionales entre ciencia y religión, cuerpo y espíritu, la han establecido como una figura adelantada a su tiempo. En la actualidad, sus obras continúan siendo estudiadas por su riqueza espiritual y su perspectiva única sobre la creación y la moralidad.

Hildegard y el Esoterismo

Hildegard von Bingen, aunque primordialmente conocida por sus contribuciones a la medicina, la música y la teología, también incursionó en el ámbito del esoterismo, donde sus visiones y entendimientos del cosmos y la naturaleza humana ofrecen una rica veta de interpretación esotérica. Su obra refleja una profunda conexión con lo divino, manifestada a través de símbolos y metáforas que trascienden el entendimiento convencional y se adentran en el terreno de lo místico.

Simbolismo en las Visiones

Las visiones de Hildegard están imbuidas de un simbolismo complejo que ella misma se encargó de explicar y detallar en sus escritos. Este simbolismo, que abarca desde la luz divina hasta el fuego purificador, no solo tiene significados religiosos sino también esotéricos, revelando capas más profundas de significado sobre la creación, la salvación y la interacción entre el ser humano y el cosmos.

La Naturaleza como Espejo de lo Divino

Hildegard veía en la naturaleza un reflejo de lo divino y un medio a través del cual se podían obtener conocimientos espirituales y esotéricos. Su comprensión de las plantas, los animales y los elementos no se limitaba a sus propiedades físicas o medicinales; cada componente del mundo natural también poseía un significado espiritual y simbólico que, cuando se entendía correctamente, podía revelar verdades universales sobre Dios y la creación.

Influencia en el Pensamiento Esotérico

Aunque Hildegard no se consideraba a sí misma una esoterista en el sentido moderno, su obra ha ejercido una notable influencia en el pensamiento esotérico posterior. Sus ideas sobre la interconexión de todas las cosas, la importancia de la armonía entre el ser humano y el universo, y el uso de símbolos para comunicar verdades espirituales profundas, resuenan con muchos principios esotéricos.

Legado Esotérico

El legado esotérico de Hildegard von Bingen se encuentra en la manera en que sus visiones y su sabiduría trascienden la teología cristiana ortodoxa para tocar aspectos de la mística universal. Su obra invita a una exploración más profunda de los misterios de la fe y la existencia, ofreciendo una puerta hacia la comprensión de antiguas verdades espirituales a través de un lenguaje simbólico y visionario.

Legado y Reconocimiento

El legado de Hildegard von Bingen se extiende mucho más allá de su vida, dejando una huella indeleble en múltiples disciplinas y continúa resonando en la actualidad. Su vida como mística, científica, compositora y teóloga refleja una existencia dedicada a la exploración y expresión de la complejidad del mundo y la divinidad. A través de sus visiones, escritos y música, Hildegard trascendió los límites de su tiempo, convirtiéndose en una figura de profunda influencia en la historia del pensamiento occidental.

Impacto en la Medicina, la Música y la Teología

Hildegard von Bingen es reconocida como una pionera en el

campo de la medicina natural, donde sus enfoques holísticos y tratamientos basados en hierbas siguen siendo estudiados y aplicados en la medicina alternativa contemporánea. En la música, sus composiciones litúrgicas y espirituales, caracterizadas por su originalidad y profundidad emocional, han experimentado un renacimiento, siendo interpretadas y grabadas por músicos de todo el mundo. En teología, sus visiones y escritos continúan siendo un objeto de estudio por su singular integración de la espiritualidad cristiana con observaciones detalladas del mundo natural.

Canonización y Doctorado

La importancia de Hildegard en la Iglesia Católica fue formalmente reconocida a través de su canonización y la proclamación como Doctora de la Iglesia en 2012 por el Papa Benedicto XVI. Estos honores no solo validan su santidad y contribución espiritual sino que también destacan su sabiduría teológica y la relevancia de su obra para la fe cristiana.

Influencia en el Pensamiento Contemporáneo

La figura de Hildegard von Bingen ha capturado la imaginación de personas de diversas disciplinas, desde ecologistas y feministas hasta músicos y teólogos, quienes ven en ella un modelo de integración entre la fe, la razón y la observación del mundo natural. Su enfoque interdisciplinario y su capacidad para ver conexiones entre áreas de conocimiento aparentemente dispares la hacen particularmente relevante en un mundo que valora la sostenibilidad y la interconexión.

Conclusión

El legado de Hildegard von Bingen es testimonio de una vida vivida con profunda curiosidad, devoción y creatividad. Como una de las figuras más notables de la Edad Media, su obra sigue inspirando a aquellos que buscan entender la complejidad del mundo y la experiencia humana a través de una lente espiritual y holística. Hildegard von Bingen permanece como un faro de sabiduría, cuya vida y trabajo continúan ofreciendo luz e inspiración para las generaciones presentes y futuras.

Jacob Boehme

Jacob Boehme (1575-1624), conocido también como el "filósofo teutónico", se erige como una de las figuras más enigmáticas y profundas del misticismo y la teología en la Alemania del siglo XVII. Su obra, impregnada de intensas experiencias místicas y una profunda indagación teológica, marcó un antes y un después en el pensamiento esotérico, ejerciendo una influencia significativa en el desarrollo de corrientes filosóficas y espirituales posteriores, como la teosofía y el romanticismo alemán.

Boehme fue un zapatero de profesión, pero su legado trasciende con creces los límites de su oficio, revelándose como un pensador visionario cuyas ideas sobre la existencia de Dios, la estructura del cosmos y la naturaleza del misticismo desafiaron las convenciones religiosas y filosóficas de su tiempo. A través de sus escritos, Boehme exploró temas como la dualidad de Dios, la caída del hombre y la posibilidad de redención a través del conocimiento y la experiencia directa de lo divino.

La originalidad de Boehme no reside solo en el contenido de sus enseñanzas, sino también en su enfoque: una combinación única de introspección mística y especulación filosófica que buscaba reconciliar los opuestos, encontrar la unidad en la diversidad y descubrir el lenguaje oculto del universo. Sus reflexiones sobre la coincidencia de los opuestos y la transmutación espiritual ofrecieron nuevas vías para entender la relación entre el ser humano, la creación y el Creador.

La influencia de Boehme se extendió más allá de los círculos místicos y teológicos, llegando a filósofos, poetas y artistas que vieron en sus visiones una fuente de inspiración y un desafío a explorar las profundidades del espíritu humano. Su legado, a pesar de las controversias y la censura que enfrentó en vida, se ha mantenido vivo a través de los siglos, testimoniando el poder de sus ideas para iluminar los misterios más profundos de la existencia.

Contexto Histórico y Biografía

Jacob Boehme nació en un periodo de profundos cambios sociales, religiosos y filosóficos en Europa. El siglo XVII fue una época marcada por la Reforma Protestante, que había comenzado en el siglo anterior, y por intensos debates teológicos y científicos que cuestionaban las estructuras de poder establecidas y buscaban nuevas comprensiones del mundo y la divinidad. En este contexto de búsqueda y transformación, Boehme se embarcó en su propio viaje espiritual y filosófico, que lo llevaría a convertirse en uno de los místicos más influyentes de su tiempo.

Datos Biográficos Clave

- **Nacimiento y Primeros Años**: Jacob Boehme nació en 1575 en Alt Seidenberg, cerca de Görlitz, en la región de Silesia, que en aquel entonces formaba parte del Sacro Imperio Romano Germánico y hoy se encuentra en Polonia. Su familia era de origen campesino, y desde joven, Boehme se vio inmerso en el trabajo manual, lo que le proporcionó una conexión profunda y terrenal con el mundo que lo rodeaba.

- **Educación y Profesión**: Aunque Boehme recibió una educación básica, no tuvo acceso a estudios formales avanzados. Aprendió el oficio de zapatero, profesión que ejerció durante gran parte de su vida. Sin embargo, su verdadera pasión y vocación se encontraban en la exploración de cuestiones teológicas y espirituales.

- **Experiencias Místicas**: Boehme experimentó su primera iluminación espiritual o visión mística alrededor de los 25 años, un evento que transformaría su vida y pensamiento. Esta experiencia le reveló una comprensión más profunda de la esencia de Dios, la creación y la existencia humana, impulsándolo a estudiar la Biblia y otros textos religiosos y filosóficos con una nueva perspectiva.

Desarrollo Intelectual y Espiritual

A lo largo de su vida, Boehme continuó experimentando visiones místicas que profundizaron su entendimiento de temas espirituales y cosmológicos. Comenzó a escribir sobre sus revelaciones y teorías, lo que eventualmente lo llevó a enfrentar oposición y censura por parte de las autoridades eclesiásticas y seculares. A pesar de estos desafíos, Boehme mantuvo un diálogo activo con otros pensadores y místicos de su época, contribuyendo al rico tejido del pensamiento religioso y filosófico del siglo XVII.

La vida y obra de Jacob Boehme se desarrollaron en un período de transición y turbulencia, lo que le proporcionó un rico sustrato para sus exploraciones místicas y filosóficas. Su biografía refleja la jornada de un hombre que, partiendo de orígenes humildes y sin una formación académica formal, logró articular una visión del mundo profundamente original y espiritualmente resonante, marcando un hito en la historia del pensamiento occidental.

Experiencias Místicas y Revelaciones

Jacob Boehme es ampliamente reconocido por sus profundas experiencias místicas, que constituyen el núcleo de su pensamiento y obra. Estas experiencias no solo transformaron su vida personal y espiritual, sino que también proporcionaron la base para sus extensos escritos teológicos y filosóficos. A través de sus visiones, Boehme buscó comprender y explicar la naturaleza de Dios, la creación, y la relación intrínseca entre el ser humano y lo divino.

Naturaleza de sus Visiones

Las experiencias místicas de Boehme comenzaron en su juventud, pero fue una visión particular en 1600, a la edad de 25 años, la que marcó el inicio de su camino como místico y pensador. Durante esta experiencia, Boehme percibió la esencia divina en un rayo de luz solar que se reflejaba en un recipiente de metal, lo que le reveló una comprensión más profunda de la unidad subyacente de todas las cosas y la interconexión entre el mundo material y el espiritual. Esta visión inicial fue seguida por otras a lo largo de su vida, cada una aportando nuevos niveles de entendimiento sobre diversos aspectos teológicos y cosmológicos.

Comprensión de Dios y el Universo

A través de sus visiones, Boehme desarrolló una teología intrincada que describía a Dios no solo como una entidad trascendente, sino también como una presencia inmanente en la creación. Concibió el universo como una manifestación de la naturaleza dual de Dios, compuesta por aspectos de luz y oscuridad, amor y cólera, que reflejan la lucha interna y la necesidad de reconciliación dentro de la divinidad. Esta comprensión llevó a Boehme a explorar temas como la caída del hombre, la redención, y el papel del sufrimiento y el conflicto en el proceso de transformación espiritual.

Impacto de sus Revelaciones

Las revelaciones de Boehme tuvieron un impacto significativo en su obra, impulsándolo a escribir extensamente sobre sus visiones y su interpretación de la realidad espiritual. Sus escritos, aunque complejos y a menudo crípticos, buscaban transmitir la profunda interrelación entre Dios, el hombre, y el cosmos, ofreciendo una visión unificada que desafiaba las concepciones religiosas convencionales de su tiempo. A través de sus obras, Boehme intentó guiar a otros en el camino hacia el entendimiento espiritual y la unión con lo divino.

Las experiencias místicas y revelaciones de Jacob Boehme representan un aspecto fundamental de su legado, proporcionando una ventana hacia la comprensión mística del mundo que sigue inspirando a buscadores espirituales, teólogos y filósofos. Su enfoque único en la interconexión de todos los aspectos de la existencia ofrece una perspectiva valiosa en la búsqueda continua de la humanidad por el significado y la trascendencia.

Principales Obras y Enseñanzas

Jacob Boehme dejó un legado de escritos que abordan profundamente la naturaleza de Dios, la cosmogonía, el misticismo, y la relación intrínseca entre el ser humano y lo divino. Sus obras más influyentes no solo reflejan sus experiencias místicas y visiones, sino que también ofrecen un marco teológico y filosófico detallado que ha capturado la imaginación de generaciones posteriores.

Obras Destacadas

- **"Aurora" (o "La aurora naciente")**: Esta obra, considerada su primer gran trabajo, establece las bases de su pensamiento místico y cosmológico. En "Aurora", Boehme explora la creación del mundo, la caída del hombre, y la posibilidad de redención a través de la iluminación espiritual. A través de una compleja simbología, presenta un universo vibrante y dinámico, donde la luz y la oscuridad, el bien y el mal, están eternamente entrelazados.

- **"Mysterium Magnum"**: En este tratado, Boehme profundiza en el misterio de la creación y la revelación divina, utilizando el Génesis bíblico como punto de partida para explorar temas teológicos y existenciales más amplios. "Mysterium Magnum" es un testimonio de su búsqueda por comprender la esencia de Dios y el propósito de la humanidad.

- **"De Signatura Rerum" (La firma de todas las cosas)**: Aquí, Boehme se adentra en la idea de que el mundo material es una expresión del mundo espiritual, y que todo en la creación lleva una "firma" divina que revela su verdadero propósito y naturaleza. Esta obra es fundamental para entender su enfoque holístico del universo, donde la espiritualidad y la materia están profundamente conectadas.

Enseñanzas Clave

- **La Coincidencia de los Opuestos**: Uno de los conceptos centrales en el pensamiento de Boehme es la idea de que los opuestos no solo coexisten, sino que son necesarios el uno para el otro para la manifestación de la vida y la revelación divina. Este principio se refleja en su comprensión de Dios, quien contiene dentro de sí mismo aspectos tanto de luz como de oscuridad.

- **El Proceso de Transmutación Espiritual**: Boehme enseñó que el camino hacia la unión con lo divino implica una transmutación espiritual, donde el alma humana, a través del sufrimiento y la introspección, puede superar su estado caído y alcanzar una comprensión más profunda de su conexión con Dios.

- **La Importancia de la Autoconciencia**: Para Boehme, el autoconocimiento es fundamental en la búsqueda espiritual. Creía que entender la propia naturaleza dual del ser humano era esencial para iniciar el proceso de reconciliación y redención.

Las obras y enseñanzas de Jacob Boehme ofrecen una visión rica y compleja de la realidad espiritual, marcando un hito en la historia del pensamiento místico. Su influencia se extiende más allá de los límites de la teología, alcanzando la filosofía, la literatura y el arte, y continúa inspirando a aquellos que buscan profundizar en los misterios de la existencia y la naturaleza divina.

Contribuciones al Pensamiento Esotérico

Jacob Boehme, el místico zapatero que calzó sus ideas con la profundidad del infinito, no solo caminó por los senderos de la teología y la filosofía, sino que también dejó huellas indelebles en el terreno del pensamiento esotérico. Sus contribuciones a este campo son tan ricas y complejas como un tapiz tejido con hilos de luz y sombra, revelando patrones que desafían la percepción ordinaria y nos invitan a mirar más allá de lo visible.

Un Puente entre Mundos

Boehme se erigió como un puente entre el misticismo cristiano y las corrientes esotéricas más amplias, fusionando conceptos teológicos con exploraciones metafísicas que resonarían en el corazón del esoterismo. Su obra es un caldero donde hierve la alquimia espiritual, la cábala, y las tradiciones herméticas, ofreciendo a los buscadores un elixir de conocimiento transformador.

La Dialéctica de la Luz y la Oscuridad

En el corazón de su pensamiento esotérico yace la dialéctica de la luz y la oscuridad, un tema que captura la imaginación y provoca la reflexión. Para Boehme, estos opuestos no son meramente conflictivos, sino que son los danzantes en el baile cósmico de la creación, donde cada paso, cada giro, revela un aspecto más profundo de la divinidad. Esta visión ofrece una perspectiva intrigante sobre la naturaleza dual del universo y nuestra propia existencia, invitándonos a contemplar la unidad subyacente que armoniza todos los contrastes.

La Transmutación del Alma

Boehme nos enseña que el viaje del alma es una odisea de transmutación, donde los elementos básicos de nuestro ser se refinan en busca de la luz divina. Esta idea, reminiscente de la búsqueda alquímica de convertir el plomo en oro, sugiere que dentro de cada uno de nosotros yace un potencial oculto esperando ser descubierto y transformado. Boehme nos anima a emprender esta aventura espiritual, guiados por la luz de la gnosis y el fuego del amor divino.

Influencia de la Cábala

La influencia de la Cábala en el pensamiento de Jacob Boehme es un tema fascinante que ilustra cómo las corrientes místicas y esotéricas pueden entrelazarse, enriqueciendo la comprensión y expresión de ideas espirituales complejas. Aunque Boehme no fue un estudioso formal de la Cábala en el sentido tradicional, su obra refleja una afinidad profunda con varios de sus principios fundamentales, especialmente en lo que respecta a la naturaleza de Dios, la creación, y el proceso de retorno espiritual o tikkun.

La Naturaleza de Dios y la Creación

Uno de los aspectos de la Cábala que resuena en el trabajo de Boehme es la concepción dinámica de Dios. Al igual que la Cábala describe a Ein Sof (el Infinito) manifestándose a través de las Sefirot en el Árbol de la Vida, Boehme habla de un Dios que se revela en la creación a través de un proceso de auto-despliegue y diferenciación. Esta idea de un Dios que no solo trasciende sino que también es inmanente en la creación, experimentando y expresándose a través de ella, es central tanto en la Cábala como en el pensamiento de Boehme.

La Dialéctica de los Opuestos

La Cábala aborda la idea de la reconciliación de los opuestos dentro de la estructura del Árbol de la Vida, donde cada Sefirá representa atributos divinos que, en su conjunto, equilibran aspectos como la misericordia y el juicio, la expansión y la restricción. De manera similar, Boehme se enfoca en la dialéctica de los opuestos, especialmente en su concepto de la lucha entre la luz y la oscuridad, el amor y la ira divina, como fuerzas fundamentales que impulsan la creación y la transformación espiritual. Esta visión refleja una comprensión cabalística del mundo como un lugar donde los opuestos deben armonizarse en el camino hacia la iluminación y la unidad con lo divino.

El Proceso de Tikkun (Restauración)

En la Cábala, el concepto de tikkun se refiere al proceso de restauración o reparación del mundo, que se logra a través de actos de bondad y observancia espiritual por parte de los seres humanos, contribuyendo así a la armonización y elevación de las chispas divinas dispersas en la creación. Aunque Boehme no utiliza el término tikkun, su obra sugiere un proceso similar de redención y retorno espiritual, en el que el alma humana, a través de la introspección, el arrepentimiento y la búsqueda de la sabiduría divina, participa activamente en la reconciliación con Dios y la restauración de la armonía original del cosmos.

Influencia y Legado

Las ideas de Boehme encontraron eco en las mentes y corazones de innumerables buscadores, influyendo en movimientos esotéricos posteriores y dejando una marca indeleble en la teosofía, el romanticismo alemán y más allá. Su legado es como un río que fluye a través de la historia del pensamiento, nutriendo las tierras de la espiritualidad y el misticismo con sus aguas vivificantes.

Las contribuciones de Jacob Boehme al pensamiento esotérico son un tesoro de sabiduría espiritual, un laberinto de misterios que invita a la exploración y la reflexión. A través de sus escritos, Boehme nos ofrece las llaves para desbloquear los secretos del universo y de nuestro propio ser interior, desafiándonos a mirar más allá de las apariencias y a buscar la unidad en la diversidad del cosmos. Su obra es un faro de luz para todos aquellos que se aventuran en el viaje del alma hacia el despertar y la transformación espiritual.

Johann Georg Gichtel

Nacido en el corazón de Alemania en 1638, emergió como una figura central en el misticismo cristiano y el pensamiento teosófico del siglo XVII. Su vida, marcada por la búsqueda incansable de una comprensión más profunda de la relación entre el ser humano y lo divino, lo llevó a fundar los Hermanos del Ángel, una comunidad que se convertiría en un faro de espiritualidad práctica y renuncia al materialismo.

Desde su juventud, Gichtel mostró un profundo interés por las cuestiones espirituales, sumergiéndose en los estudios de la Biblia y los escritos de místicos anteriores. Sin embargo, fue su encuentro con las obras de Jacob Boehme lo que encendió la chispa de su propia visión mística. Profundamente conmovido por las enseñanzas de Boehme sobre la dualidad de la existencia, la lucha interna entre luz y oscuridad, y el camino hacia la unión con Dios, Gichtel se dedicó a vivir según estos principios, llevando su compromiso más allá de la teoría para encarnarlo en una comunidad de almas afines.

Los Hermanos del Ángel, bajo la guía de Gichtel, no solo se dedicaron a la contemplación y el estudio, sino que también adoptaron un estilo de vida que rechazaba las ataduras del mundo material, enfocándose en cambio en la purificación espiritual y el servicio desinteresado. Esta comunidad se convirtió en un modelo de cómo las enseñanzas místicas podían traducirse en prácticas diarias, influenciando a generaciones futuras de buscadores espirituales.

La *Theosophia Practica* de Gichtel, aunque publicada póstumamente, es un testimonio de su profundo viaje espiritual y su deseo de compartir sus descubrimientos con el mundo. A través de sus cartas y enseñanzas, Gichtel aborda temas como la naturaleza del mal, la importancia de la lucha interna para superar las pasiones y deseos mundanos, y el camino hacia la iluminación y la unión con la divinidad. Su enfoque en la ascética y la alquimia interna refleja una comprensión de la transformación espiritual como un proceso activo y consciente, en el que cada individuo es llamado a participar.

La influencia de Johann Georg Gichtel se extendió más allá de su vida y su comunidad, tocando el corazón de movimientos esotéricos y místicos posteriores. Su legado, arraigado en la profundización de las enseñanzas de Boehme y su aplicación práctica en la vida espiritual, continúa inspirando a aquellos que buscan una conexión más profunda con lo divino, ofreciendo una guía para la transformación personal y colectiva hacia una existencia más iluminada y espiritualmente realizada.

Enseñanzas sobre la Ascética y la Alquimia Interna

Como místico que navegó por las turbulentas aguas de la espiritualidad con la brújula de las enseñanzas de Jacob Boehme, ofreció a sus seguidores y a la posteridad un mapa hacia la iluminación espiritual marcado por las rutas de la ascética y la alquimia interna. Estas prácticas, lejos de ser meros ejercicios de renuncia o misteriosos rituales, se revelan como el corazón palpitante de un camino transformador hacia la unión con lo divino.

La Ascética: Más Allá de la Renuncia

Para Gichtel, la ascética no implicaba simplemente la negación del placer o la renuncia a los bienes materiales. Era, más bien, una disciplina espiritual profunda que buscaba purificar el alma de las impurezas y pasiones que la encadenan al mundo terrenal. Esta purificación no era un fin en sí mismo, sino un medio para alcanzar una mayor receptividad y armonía con la voluntad divina. Gichtel enseñaba que, a través de la práctica ascética, el individuo podía liberarse de las distracciones y tentaciones que obstruyen el camino hacia la iluminación espiritual, permitiendo que la luz de Dios ilumine el alma.

La Alquimia Interna: La Transmutación del Ser

La alquimia interna, tal como la concebía Gichtel, era un proceso de transformación espiritual que iba de la mano con la práctica ascética. No se trataba de convertir metales base en oro, sino de transformar el plomo de la naturaleza humana caída en el oro de la divinidad revelada. Este proceso implicaba una lucha constante contra los "siete espíritus del mal" que representan las tendencias y vicios que alejan al ser humano de su esencia divina. Gichtel veía esta batalla espiritual como esencial para la purificación del alma y su eventual unión con Dios.

La alquimia interna de Gichtel se fundamenta en la creencia de que dentro de cada individuo reside una chispa divina, un núcleo puro que, aunque oscurecido por las pasiones y el pecado, nunca se extingue completamente. El objetivo de la alquimia interna es avivar esa chispa a través de la oración, la meditación, la introspección y la práctica de virtudes, transformando así el alma en un receptáculo digno de la presencia divina.

La imagen del "hombre perfecto" en "Teosofía Práctica" de Johann Georg Gichtel, que muestra siete centros energéticos coincidentes con los siete chakras del hinduismo, es un fascinante punto de encuentro entre las tradiciones místicas occidentales y orientales. Este paralelismo ha suscitado un gran interés entre estudiosos y practicantes del esoterismo, ya que sugiere una convergencia de ideas y simbolismos sobre la anatomía espiritual del ser humano a través de culturas muy distintas.

Los Siete Centros Energéticos

En la representación de Gichtel, estos centros se interpretan como etapas o aspectos de la transformación espiritual y la purificación interna, reflejando la lucha contra los "siete espíritus del mal" y el proceso de alquimia interna hacia la perfección espiritual. Cada centro, marcado en el cuerpo del "hombre perfecto", simboliza una virtud a desarrollar o un vicio a superar en el camino hacia la unión con lo divino.

Paralelismos con los Chakras

Los chakras, en las tradiciones hindúes y en ciertos sistemas de creencias esotéricas modernas, son entendidos como vórtices o centros de energía situados en el cuerpo sutil del ser humano. Cada chakra está asociado con diferentes aspectos físicos, emocionales y espirituales de la existencia, y su armonización se considera esencial para el bienestar y el desarrollo espiritual.

Interpretaciones y Especulaciones

La coincidencia entre los centros energéticos descritos por Gichtel y los chakras del hinduismo ha llevado a especulaciones sobre posibles influencias cruzadas o fuentes comunes de conocimiento esotérico. Sin embargo, es importante señalar que Gichtel operaba dentro de un marco cristiano místico y teosófico, y no hay evidencia directa de que tuviera conocimiento de las prácticas yóguicas o de los sistemas de chakras tal como se entienden en las tradiciones hindúes.

Relación con los Centros Energéticos

La relación de los "siete espíritus del mal" con los centros energéticos en la imagen del "hombre perfecto" de Gichtel es simbólica y funcional. Cada uno de estos centros, al coincidir con la idea de los chakras en las tradiciones orientales, puede ser visto como un punto de interacción entre lo físico y lo espiritual, donde las influencias negativas pueden ser transformadas mediante la práctica espiritual. Gichtel utiliza esta correspondencia para ilustrar cómo cada centro energético puede ser afectado o dominado por tendencias espirituales negativas específicas, y cómo el trabajo espiritual consciente en cada uno de estos centros puede conducir a la superación de dichos espíritus.

Los Siete Espíritus del Mal

Aunque Gichtel no detalla específicamente los "siete espíritus del mal" en términos de una lista concreta que corresponda uno a uno con los chakras del hinduismo, el concepto es similar al de enfrentar y transformar los aspectos negativos de la personalidad o los vicios que se asocian tradicionalmente con diferentes áreas de la vida humana. Estos pueden incluir el orgullo, la envidia, la ira, la pereza, la avaricia, la gula y la lujuria, cada uno de los cuales representa desafíos espirituales que deben ser superados.

Convergencia de Ideas Espirituales

La similitud puede ser más bien una manifestación de la tendencia humana a buscar patrones y conexiones en la comprensión del cosmos y de nosotros mismos. Tanto en Oriente como en Occidente, la idea de que existen centros de fuerza vital o espiritual dentro del cuerpo humano refleja una comprensión intuitiva de la interconexión entre lo físico y lo espiritual, y la búsqueda de un camino hacia la armonía y la realización espiritual.

La imagen del "hombre perfecto" de Gichtel y su correspondencia con los chakras del hinduismo ilustra cómo diferentes tradiciones espirituales, aunque separadas por vastas distancias geográficas y culturales, pueden llegar a conclusiones sorprendentemente similares sobre la naturaleza del ser humano y el universo. Este paralelismo ofrece un rico terreno para la reflexión sobre las universalidades en la búsqueda espiritual humana y subraya la importancia de un enfoque interdisciplinario e intercultural en el estudio del esoterismo y la mística.

Impacto y Legado

Las enseñanzas de Gichtel sobre la ascética y la alquimia interna ofrecen una visión intrigante y desafiante del camino espiritual. Al enfatizar la importancia de la transformación personal a través de prácticas concretas, Gichtel proporciona herramientas valiosas para aquellos que buscan profundizar en su vida espiritual y alcanzar una mayor cercanía con lo divino. Su enfoque práctico y experiencial hacia la mística cristiana ha inspirado a generaciones de buscadores espirituales, recordándonos que la verdadera iluminación requiere no solo fe, sino también acción y compromiso con el crecimiento interior.

El legado de Johann Georg Gichtel, con su énfasis en la ascética y la alquimia interna, sigue siendo un faro para aquellos en el camino de la transformación espiritual, ofreciendo una guía para navegar las complejidades de la vida interior y la búsqueda de la unión con lo divino.

Francisco de Asís

(1181/1182-1226): Fundador de la Orden Franciscana, conocido por su vida de pobreza, su amor por la naturaleza y su dedicación a Cristo. San Francisco es una figura inspiradora en el cristianismo por su simplicidad y su profundo sentido de hermandad con todas las criaturas. Su enfoque en la imitación de la vida de Cristo y su énfasis en la paz y la comprensión entre todas las formas de vida lo hacen relevante dentro del estudio de la espiritualidad y el misticismo.

Francisco de Asís, nacido en el umbral del siglo XII, emerge como una de las figuras más luminosas y perdurables en la historia del cristianismo. Fundador de la Orden Franciscana, su vida es un testimonio vibrante de pobreza, amor por la naturaleza, y una devoción inquebrantable a Cristo. En un mundo marcado por el conflicto y la búsqueda de riqueza material, Francisco eligió un camino radicalmente diferente, uno que enfatizaba la simplicidad, la compasión y una profunda conexión con todas las formas de vida.

La historia de Francisco de Asís es la de un joven de origen acomodado que, tras una juventud de frivolidad y un encuentro transformador con Dios, renunció a su herencia y estatus para abrazar una vida de extrema pobreza y servicio. Su enfoque en la imitación de la vida de Cristo lo llevó a predicar la paz, el amor y la fraternidad universal, no solo entre los seres humanos sino también con los animales y la naturaleza misma.

Contexto Histórico

Francisco de Asís nació en un periodo de profundos cambios sociales, económicos y religiosos en Europa. La transición del siglo XII al XIII fue testigo de un crecimiento urbano sin precedentes, tensiones entre la autoridad papal y el poder imperial, y un florecimiento del comercio que reconfiguró las estructuras sociales. En este contexto dinámico y a menudo tumultuoso, nació Francisco, en la ciudad italiana de Asís, alrededor de 1181 o 1182, en el seno de una familia acomodada. Su padre, Pietro di Bernardone, era un próspero comerciante de telas, y su madre, Pica, era de noble cuna.

Juventud y Conversión

La juventud de Francisco estuvo marcada por la opulencia y la frivolidad, disfrutando de los placeres y privilegios que su posición social le ofrecía. Sin embargo, su vida tomó un giro radical tras una serie de eventos que incluyeron una enfermedad grave, un cautiverio durante una batalla entre Asís y Perugia, y encuentros con la pobreza que lo llevaron a cuestionar profundamente los valores de su sociedad. Estos episodios culminaron en una experiencia espiritual frente a un crucifijo en la ruinosa capilla de San Damián, donde escuchó una voz que le pedía reconstruir la Iglesia, un llamado que interpretó inicialmente en sentido literal, pero que luego comprendió como una misión de renovación espiritual.

Fundación de la Orden Franciscana

Movido por su conversión, Francisco renunció a su herencia y adoptó un estilo de vida de extrema pobreza, dedicándose a la predicación y al cuidado de los leprosos. Su radical imitación de Cristo y su mensaje de amor y humildad atrajeron rápidamente a seguidores, lo que llevó a la fundación de la Orden Franciscana. A diferencia de las órdenes monásticas tradicionales, los franciscanos vivían entre la gente, predicando y trabajando en las comunidades locales. La aprobación papal de la Regla de la Orden en 1209 por el Papa Inocencio III marcó el reconocimiento oficial de su misión y el inicio de su expansión por Europa.

Imitación de la Vida de Cristo

En el corazón palpitante de la espiritualidad de Francisco de Asís yace un deseo ardiente, casi revolucionario: vivir como vivió Cristo. No se trataba de una mera admiración o devoción desde la distancia, sino de una inmersión total en el estilo de vida, las alegrías y, sí, también en las penurias que Jesús experimentó. Francisco no solo quería seguir los pasos de Cristo; anhelaba calzar sus sandalias, sentir el polvo de los caminos de Galilea bajo sus pies y abrazar cada aspecto de esa existencia terrenal divinamente humilde.

Un Camino de Pobreza y Servicio

Imitar la vida de Cristo significaba para Francisco adoptar una pobreza radical. Pero, ¿cómo convences a un mundo obsesionado con la acumulación de riquezas de que la verdadera libertad reside en tener menos, no más? Francisco lo hizo con el poder de su ejemplo, renunciando a la comodidad y seguridad de su vida burguesa para abrazar una existencia donde cada día dependía de la providencia divina. Esta elección no era masoquismo; era un acto de amor extremo, una forma de vaciarse para llenarse de Dios.

Predicando con el Ejemplo

La imitación de Cristo también llevó a Francisco a predicar el evangelio de la paz y la reconciliación, no solo entre los seres humanos sino con toda la creación. En un mundo desgarrado por conflictos feudales y cruzadas, la voz de Francisco resonaba como un llamado a recordar la esencia del mensaje cristiano: amor incondicional. Y lo hacía de maneras que a veces rozaban lo teatral, como cuando predicaba a los pájaros o negociaba la paz entre un lobo hambriento y los habitantes de Gubbio. En cada acto, Francisco buscaba reflejar la compasión y la misericordia de Cristo, desafiando a todos a ver la presencia divina en los lugares más insospechados.

Las Estigmatizaciones: Un Misterio Envuelto en Intriga

Uno de los episodios más fascinantes y misteriosos en la vida de Francisco es la recepción de los estigmas, las heridas de Cristo en la cruz, en su propio cuerpo. Este evento, ocurrido hacia el final de su vida, fue interpretado por muchos como la máxima señal de su unión con Cristo. Sin embargo, lejos de exhibirlo con orgullo, Francisco lo mantuvo en secreto, como si las marcas físicas fueran simplemente reflejos externos de una profunda transformación interior que había estado buscando toda su vida.

Influencia en la Espiritualidad y el Misticismo

La figura de Francisco de Asís se alza como un faro luminoso en la historia de la espiritualidad y el misticismo cristianos, trascendiendo las fronteras de su tiempo para influir en incontables generaciones posteriores. Su vida, marcada por una devoción radical a imitar la existencia de Cristo, no solo reformuló la comprensión de la santidad sino que también ofreció un nuevo paradigma para la relación del ser humano con Dios, la creación y sus semejantes.

Un Pionero del Diálogo Interreligioso

En un episodio que resalta su singular enfoque hacia la paz y el entendimiento mutuo, Francisco de Asís desempeñó un papel notable durante las Cruzadas, específicamente en su encuentro con el sultán de Egipto, Al-Kamil, durante la Quinta Cruzada. En un momento histórico definido por el conflicto armado y la hostilidad entre cristianos y musulmanes, Francisco cruzó las líneas enemigas con un mensaje de paz, buscando un diálogo directo con el sultán. Este acto de valentía y fe no solo demostró su compromiso inquebrantable con los principios evangélicos de amor y fraternidad sino que también lo estableció como uno de los primeros defensores del diálogo interreligioso y la resolución pacífica de conflictos.

Un Legado de Renovación Espiritual

La influencia de Francisco en la espiritualidad y el misticismo se extiende mucho más allá de su vida. Fundó una orden religiosa que, a través de su énfasis en la pobreza, el servicio y la alegría en la contemplación de la naturaleza, revitalizó la vida religiosa y ofreció un modelo alternativo de santidad, accesible a todos, no solo a los ascetas retirados del mundo. La Orden Franciscana se convirtió en un vehículo para la diseminación de sus ideas, promoviendo una espiritualidad centrada en el corazón y en la experiencia directa de Dios en la simplicidad de la vida cotidiana.

Inspiración para el Misticismo Moderno

La figura de Francisco ha inspirado a místicos, poetas, activistas y buscadores espirituales a lo largo de los siglos. Su vida es un testimonio de que la verdadera espiritualidad trasciende el ritual y la doctrina para arraigarse en el amor compasivo y la conexión profunda con todo lo creado. En tiempos modernos, Francisco es frecuentemente citado en discusiones sobre ecología, justicia social y paz, demostrando cómo su enfoque integral de la fe puede ofrecer respuestas a algunos de los desafíos más apremiantes de nuestro tiempo.

Legado

La vida de Francisco de Asís se caracterizó por su compromiso inquebrantable con la pobreza, la paz y la fraternidad universal. A través de su ejemplo personal y su liderazgo, inspiró a miles a seguir el camino franciscano, dejando un legado que trasciende las fronteras de la Iglesia Católica. Su muerte en 1226, cerca de Asís, no fue el final, sino el comienzo de una influencia espiritual que continúa hasta nuestros días, reflejada en la devoción de millones de personas y en la Orden Franciscana, que sigue activa en obras de caridad, educación y defensa de la justicia social y ambiental en todo el mundo.

Giordano Bruno

(1548-1600): Filósofo, sacerdote dominico, astrónomo y ocultista italiano, conocido por sus teorías cosmológicas que anticiparon algunos aspectos de la astronomía moderna. Bruno fue también un defensor del infinito universo y de la pluralidad de los mundos. Sus ideas y enseñanzas sobre la magia, la memoria y el hermetismo tuvieron un profundo impacto en el pensamiento esotérico.

Contexto Histórico y Biografía

Giordano Bruno nació en 1548 en Nola, cerca de Nápoles, en el seno de una Italia que era el corazón palpitante del Renacimiento. Esta era una época de profundos cambios, caracterizada por un renacer del interés en las artes, la ciencia y la filosofía, impulsado por un espíritu de exploración y descubrimiento. El Renacimiento también fue un periodo de tensiones religiosas, marcado por la Reforma Protestante y la Contrarreforma Católica, que buscaba reafirmar la autoridad de la Iglesia frente a los desafíos doctrinales.

Vida Temprana y Conversión

Desde joven, Bruno demostró una mente inquisitiva y un espíritu indomable. A la edad de 17 años, ingresó a la Orden de los Dominicos en Nápoles, donde recibió una educación en teología, filosofía y las ciencias disponibles de su tiempo. Sin embargo, su pensamiento libre y crítico pronto lo puso en conflicto con las enseñanzas ortodoxas de la Iglesia. Sus primeros cuestionamientos giraron en torno a la doctrina trinitaria y la naturaleza de Cristo, temas que lo llevaron a un primer enfrentamiento con las autoridades eclesiásticas.

Carrera Académica y Exilio

Para evitar la persecución, Bruno abandonó la orden dominica y comenzó un largo periodo de exilio que lo llevó a viajar por toda Europa, desde Ginebra hasta París, y de Londres a Praga. En estos años, Bruno se convirtió en un académico itinerante, impartiendo conferencias sobre temas filosóficos y cosmológicos, y ganándose la vida como profesor privado. Sus ideas sobre el infinito universo y la pluralidad de los mundos, junto con sus críticas a las concepciones aristotélicas del cosmos, lo hicieron famoso, pero también atrajeron la atención de las autoridades eclesiásticas.

Conflicto y Condena

La libertad de pensamiento de Bruno y su negativa a retractarse de sus enseñanzas finalmente lo llevaron a ser arrestado por la Inquisición en Venecia en 1592. Tras un largo juicio, fue trasladado a Roma, donde permaneció encarcelado durante varios años mientras continuaba su juicio. En 1600, fue condenado por herejía y quemado en la hoguera en Campo de' Fiori, un mártir de la libertad de pensamiento.

Teorías Cosmológicas

Giordano Bruno fue un visionario cuyas teorías cosmológicas desafiaron las concepciones astronómicas y filosóficas de su tiempo, abriendo caminos hacia lo que eventualmente se convertiría en la astronomía moderna. Su defensa apasionada de un universo infinito y la pluralidad de los mundos representó una ruptura radical con el modelo geocéntrico aristotélico-ptolemaico, que dominaba el pensamiento europeo.

Universo Infinito y Pluralidad de Mundos

Bruno propuso que el universo era infinito, sin centro ni periferia, y que cada estrella en el cielo nocturno era, de hecho, un sol rodeado por sus propios planetas, donde la vida podría florecer. Esta visión no solo ampliaba el cosmos de manera inconmensurable sino que también democratizaba el universo, eliminando la distinción entre el "mundo sublunar" corruptible y la esfera celestial perfecta e inmutable.

Anticipación de la Astronomía Moderna

Las ideas de Bruno sobre el cosmos anticiparon aspectos fundamentales de la astronomía moderna, como la teoría heliocéntrica de Copérnico y las leyes del movimiento planetario de Kepler. Aunque no basó sus teorías en observaciones empíricas detalladas al estilo de Galileo, su intuición de un universo vasto y dinámico marcó un punto de inflexión en la forma en que la humanidad se percibe a sí misma en relación con el cosmos.

Enseñanzas sobre la Magia y el Hermetismo

Además de sus revolucionarias teorías cosmológicas, Giordano Bruno se sumergió profundamente en el estudio de la magia, la memoria y el hermetismo, integrando estos campos en una visión cohesiva del universo y la existencia humana.

Magia y Memoria

Bruno consideraba la magia, en el sentido renacentista del término, como una forma de conocimiento y práctica que podía revelar y manipular las conexiones ocultas entre el hombre y el cosmos. Sus trabajos sobre el arte de la memoria no solo ofrecían técnicas para mejorar la capacidad mnemotécnica sino que también sugerían que la memoria era un microcosmos de la estructura del universo, donde todo está interconectado.

Hermetismo y Visión del Universo

El hermetismo, con su énfasis en la sabiduría oculta y la unidad de lo divino con el mundo natural, influyó profundamente en el pensamiento de Bruno. Adoptó y adaptó conceptos herméticos para formular una visión del universo en la que el hombre, mediante el uso de la razón y la intuición, podía llegar a comprender las leyes divinas que lo gobiernan. Para Bruno, este conocimiento no era solo teórico sino eminentemente práctico, ofreciendo caminos hacia la transformación espiritual y la armonización con el orden cósmico.

La integración de Bruno de la cosmología, la magia y el hermetismo en una visión unificada del mundo fue revolucionaria. A través de su vida y obra, desafió a sus contemporáneos a expandir sus horizontes y explorar las profundidades de la existencia con una mente abierta y un espíritu intrépido. Sus enseñanzas, aunque controvertidas en su tiempo, han dejado una huella indeleble en el pensamiento esotérico y continúan inspirando a aquellos que buscan comprender los misterios del universo y el lugar del ser humano dentro de él.

Legado

La vida de Giordano Bruno es un testimonio de la lucha por la libertad intelectual y la búsqueda incansable de la verdad. Sus contribuciones a la filosofía, la cosmología y el hermetismo lo establecen como una figura clave en la transición del Renacimiento al pensamiento moderno. A pesar de su trágico final, las ideas de Bruno sobre el universo infinito y la interconexión de todas las cosas han tenido un impacto duradero en el pensamiento esotérico y científico, desafiando a generaciones futuras a mirar más allá de los límites de su tiempo y espacio.

John Dee

(1527-1608/9): Matemático, astrónomo, astrólogo, geógrafo y consultor de la reina Isabel I de Inglaterra. Dee es famoso por sus trabajos en la invocación de ángeles y su desarrollo del sistema enoquiano de magia. Su vasta erudición y sus prácticas esotéricas lo convierten en una figura central en el estudio del renacimiento mágico del siglo XVI.

Contexto Histórico y Biografía

John Dee, nacido en 1527 en Londres, Inglaterra, vivió en una época de profundos cambios y agitación. Su vida se desplegó durante el Renacimiento inglés, un período caracterizado por un florecimiento en las artes, las ciencias y la exploración, así como por tensiones religiosas y políticas significativas. Este fue también el tiempo de la Reforma Protestante y la consolidación del poder monárquico bajo figuras como Enrique VIII e Isabel I. En este vibrante y a menudo tumultuoso contexto, Dee emergió como una de las mentes más brillantes y enigmáticas de su tiempo.

Educación y Primeros Años

Dee demostró ser un estudiante prodigioso desde temprana edad. Estudió en el St. John's College de Cambridge, donde se sumergió en una amplia gama de disciplinas, desde las matemáticas hasta la filosofía natural, pasando por la astrología y la alquimia. Su voraz apetito por el conocimiento lo llevó a viajar por Europa, donde se relacionó con muchos de los eruditos más destacados de la época, ampliando su visión del mundo y profundizando su comprensión de las ciencias y las artes ocultas.

Consultor de la Reina Isabel I

Dee gozó del favor de la corte inglesa, especialmente de la reina Isabel I, quien lo consultaba regularmente en asuntos que iban desde la astrología hasta la estrategia geopolítica. Su habilidad para combinar el conocimiento científico con las artes esotéricas lo convirtió en una figura invaluable para la monarquía, asesorándola en la elección de fechas auspiciosas para eventos importantes y en la expansión marítima de Inglaterra.

Un Erudito en la Encrucijada

La vida de Dee refleja la encrucijada de ideas que caracterizó al Renacimiento. Se movió cómodamente entre los mundos de la ciencia y la magia, en una época en que estas áreas del conocimiento no estaban tan claramente separadas como lo están hoy. Su trabajo en la corte, junto con sus investigaciones en matemáticas, astronomía y el ocultismo, lo colocaron en el centro de los debates intelectuales y espirituales de su tiempo.

Contribuciones Académicas y Científicas

John Dee se destaca en la historia como una figura polimática cuyas contribuciones abarcaron una amplia gama de disciplinas, fusionando la ciencia, la matemática y el esoterismo de maneras que, para su época, eran revolucionarias. Su obra académica y científica dejó una huella indeleble en el Renacimiento inglés y sentó las bases para futuros desarrollos en varios campos.

Astronomía y Astrología

En astronomía, Dee se adelantó a su tiempo con ideas que desafiaban el geocentrismo predominante. Aunque no se desvinculó completamente de la astrología —una práctica común entre los eruditos del Renacimiento—, sus investigaciones astronómicas contribuyeron al creciente cuerpo de conocimiento que eventualmente apoyaría el modelo heliocéntrico del universo. Dee estaba fascinado por la mecánica celeste y dedicó parte de su vida a observar los cielos, registrando meticulosamente sus observaciones.

Geografía y Exploración

Como geógrafo, Dee tuvo un papel crucial en la expansión marítima de Inglaterra. Proporcionó a los navegantes y exploradores mapas y conocimientos técnicos que facilitaron la exploración del Nuevo Mundo. Dee acuñó el término "Imperio Británico" y presentó a la reina Isabel I un ambicioso plan para establecer una colonia británica en el norte de América, argumentando que esto no solo aumentaría el poder y la riqueza de Inglaterra sino que también difundiría el cristianismo.

El Sistema Enoquiano

El sistema enoquiano, nombrado así en referencia al patriarca bíblico Enoc, se basa en la premisa de que es posible comunicarse con ángeles y otras entidades celestiales a través de un lenguaje específico revelado a Dee y su colaborador, Edward Kelley. Este lenguaje, conocido como enoquiano, se caracteriza por su propia sintaxis y vocabulario, supuestamente impartido a Dee y Kelley durante sesiones de escrutinio espiritual que involucraban el uso de un "espejo de azogue" o bola de cristal.

Invocación de Ángeles y Revelaciones

Las prácticas esotéricas de Dee incluían la invocación de ángeles a través de rituales meticulosamente diseñados, en los que el lenguaje enoquiano jugaba un papel central. Dee creía que estos seres celestiales podían ofrecer conocimientos divinos sobre la creación, la cosmología, y el destino humano, así como orientación sobre cómo vivir de acuerdo con las leyes divinas. Las revelaciones recibidas durante estas sesiones espirituales fueron meticulosamente registradas y forman la base de lo que hoy conocemos como magia enoquiana.

Magia, Memoria y Hermetismo

Además del sistema enoquiano, Dee se interesó profundamente en la magia ceremonial, la alquimia, y las artes de la memoria. Estas prácticas, enmarcadas dentro de la tradición hermética, buscaban no solo el conocimiento espiritual sino también el poder para influir en el mundo material y espiritual. Dee veía estas disciplinas como partes de un todo coherente, donde la magia actuaba como un puente entre lo humano y lo divino, y la memoria servía como un archivo del conocimiento oculto accesible a través de técnicas especiales.

Legado Académico y Científico

El legado académico y científico de Dee es complejo. Aunque algunas de sus prácticas esotéricas y su interés en la magia han oscurecido su reputación en círculos científicos posteriores, su enfoque interdisciplinario y su incansable búsqueda de conocimiento reflejan el espíritu de indagación del Renacimiento. Dee entendió que el mundo era un sistema interconectado, donde las matemáticas, la astronomía, la geografía y hasta el esoterismo podían trabajar juntos para revelar los misterios del universo.

A pesar de su contribución a la ciencia y la navegación, la fascinación de Dee por el ocultismo y sus intentos de comunicarse con ángeles a través de la magia enoquiana lo llevaron a ser objeto de controversia y, en algunos círculos, de sospecha. Al final de su vida, Dee se encontró marginado por la comunidad científica emergente, una figura trágica que buscaba incansablemente el conocimiento en un mundo que comenzaba a girar hacia la modernidad.

La biografía de John Dee es la historia de un hombre que buscó unir el cielo y la tierra, lo visible y lo invisible, en un intento de comprender los misterios del universo. Su vida es un testimonio de la complejidad de la transición del Renacimiento al mundo moderno, y su legado continúa inspirando a aquellos que transitan por los límites de la ciencia y el misticismo.

Marsilio Ficino

(1433-1499): Filósofo, teólogo y mago italiano del Renacimiento, líder de la Academia Platónica en Florencia. Traductor de Platón y del Corpus Hermeticum, Ficino intentó sintetizar el cristianismo y el hermetismo. Sus trabajos sobre la vida del alma y la inmortalidad influyeron profundamente en el pensamiento espiritual y esotérico del Renacimiento.

Contexto Histórico y Biografía

Marsilio Ficino nació en 1433 en Figline Valdarno, cerca de Florencia, Italia, en el corazón del Renacimiento, un período de renacimiento cultural, artístico y científico que marcó el fin de la Edad Media y el comienzo de la modernidad en Europa. Este fue un tiempo de grandes descubrimientos y cambios, caracterizado por un renovado interés en las artes y las ciencias clásicas, y un florecimiento de nuevas ideas que desafiaban las concepciones medievales del mundo.

Vida Temprana y Educación

Ficino nació en una familia de médicos y eruditos. Su padre, Diotifeci d'Agnolo, era médico personal de Cosme de Médici, el patriarca de la poderosa familia Médici en Florencia. Gracias al mecenazgo de los Médici, Ficino recibió una educación excepcional, estudiando filosofía, teología y las lenguas clásicas. Desde temprana edad, mostró un profundo interés por el platonismo y la filosofía hermética, lo que eventualmente definiría el curso de su vida y obra.

Líder de la Academia Platónica

Con el apoyo de Cosme de Médici, Ficino se convirtió en el líder de la recién fundada Academia Platónica en Florencia, un centro de estudios humanísticos dedicado a la investigación y discusión de las obras de Platón y otros filósofos antiguos. Bajo su dirección, la Academia se convirtió en un importante centro de pensamiento renacentista, atrayendo a eruditos, artistas y pensadores de toda Europa.

Traducciones y Síntesis Filosófica

Ficino es quizás mejor conocido por sus traducciones al latín de las obras completas de Platón, una tarea monumental que puso los diálogos platónicos al alcance de los eruditos del Renacimiento por primera vez. También tradujo y comentó el "Corpus Hermeticum", una colección de textos griegos antiguos de carácter esotérico y teológico, que atribuyó a Hermes Trismegisto. Estas traducciones fueron fundamentales para el renacimiento del interés en el platonismo y el hermetismo en el Renacimiento.

Intento de Sintetizar el Cristianismo y el Hermetismo

Ficino intentó reconciliar las enseñanzas de Platón y Hermes Trismegisto con el cristianismo, argumentando que todas estas tradiciones apuntaban hacia verdades universales sobre Dios, el alma y el cosmos. Su obra filosófica y teológica buscaba demostrar la compatibilidad entre la fe cristiana y la sabiduría antigua, un esfuerzo que influyó profundamente en el pensamiento espiritual y esotérico del Renacimiento.

Filosofía sobre la Vida del Alma y la Inmortalidad

Marsilio Ficino, inmerso en el rico tapiz cultural del Renacimiento italiano, dedicó una parte sustancial de su obra a explorar las profundidades del alma humana y su destino eterno. Su filosofía, una síntesis de platonismo, cristianismo y hermetismo, ofrece una visión del alma que es tanto poética como profundamente espiritual, situando la inmortalidad en el centro de la experiencia humana.

El Alma: Un Puente entre lo Terrenal y lo Divino

Para Ficino, el alma humana es una entidad divina, un soplo de la vida eterna que conecta el mundo material con el reino espiritual. Esta concepción del alma se basa en la tradición platónica, que ve al alma como mediadora entre el mundo sensible y el mundo de las ideas, capaz de ascender hacia la verdad, la bondad y la belleza absolutas mediante la contemplación y la virtud. Ficino amplía esta visión, argumentando que el alma no solo aspira a la unión con lo divino sino que también posee un origen celestial, siendo una chispa de la luz divina encarnada en el mundo material.

La Inmortalidad del Alma

Uno de los pilares de la filosofía de Ficino es la creencia en la inmortalidad del alma. Contrario a las visiones materialistas que veían la vida humana como finita y limitada a la existencia terrenal, Ficino afirmaba que el alma, por su naturaleza divina, es inmortal y destinada a retornar a su fuente original en Dios. Esta visión ofrecía consuelo y esperanza, al sugerir que la vida terrenal es solo una etapa en el viaje del alma hacia su plenitud espiritual.

La Vida del Alma: Un Camino de Ascenso

La filosofía de Ficino no solo se ocupaba de la naturaleza y destino del alma sino también de su vida y desarrollo aquí y ahora. Proponía que el alma atraviesa un proceso de purificación y ascenso, en el que debe superar las pasiones y deseos terrenales para alcanzar la sabiduría y la virtud. Este camino espiritual, influenciado por las enseñanzas de Platón y el hermetismo, requería una vida dedicada a la contemplación, el estudio y la práctica de las virtudes, que permitirían al alma recordar su origen divino y prepararse para su retorno a la fuente de todo ser.

Influencia en el Pensamiento Espiritual

Las enseñanzas de Ficino sobre el alma y la inmortalidad tuvieron un profundo impacto en el pensamiento espiritual y esotérico del Renacimiento. Su obra inspiró a generaciones de filósofos, teólogos y artistas, que vieron en sus ideas un modelo para la búsqueda de la trascendencia y el significado en un mundo en constante cambio. La visión de Ficino ofrecía una alternativa al escepticismo y al materialismo, reafirmando la dignidad y el destino espiritual del ser humano.

La filosofía de Marsilio Ficino sobre la vida del alma y la inmortalidad es un testimonio de la riqueza y profundidad del pensamiento renacentista. Al entrelazar las tradiciones platónica, cristiana y hermética, Ficino creó un marco espiritual que resuena aún hoy, recordándonos la importancia de la búsqueda interior y la aspiración hacia lo divino. Su legado es un recordatorio de que, en el corazón de la experiencia humana, yace una chispa de eternidad, esperando ser descubierta y realizada.

Legado

Marsilio Ficino murió en 1499 en Careggi, cerca de Florencia. Su legado perdura no solo en sus traducciones y escritos filosóficos sino también en su influencia en el pensamiento renacentista y en figuras posteriores del esoterismo y la filosofía. Ficino fue una figura central en el Renacimiento italiano, cuya vida y obra reflejan el espíritu de una época que buscaba armonizar la sabiduría del pasado clásico con las verdades espirituales del presente.

Nicolás Flamel

Fulcanelli, el destacado alquimista del siglo XX, describió a Nicolás Flamel como "el más célebre y reconocido de los filósofos franceses". Al otorgarle este mérito, es crucial recordar que en el ámbito del esoterismo, el término "filósofos" se refiere a los practicantes de la alquimia hermética. De esta manera, Fulcanelli admite abiertamente la autoridad y el liderazgo de Flamel en este campo.

Se podría argumentar que la esencia de la alquimia y las prácticas herméticas, que aspiran no solo a la transmutación de metales en el ámbito físico sino también a la transformación espiritual del "filósofo", se ve reflejada de manera ejemplar en la figura de Nicolás Flamel durante el período de la baja Edad Media en Francia. Este personaje emblemático, siempre acompañado por su devota esposa Perenelle —simbolizando la armonía perfecta del yin y el yang—, se convierte en un símbolo querido y un guía confiable para aquellos que se aventuran en los complejos caminos de esta noble ciencia.

Es relevante mencionar que la reedición del "Libro de las figuras jeroglíficas" se agotó rápidamente hace algunos años, a pesar de que su contenido puede resultar extremadamente complejo y enigmático para los no iniciados.

Con el paso del tiempo, y gracias a numerosos estudios sobre el Arte Real, es decir, la alquimia, algunos de sus símbolos se han vuelto más reconocibles y su significado, más accesible.

Julius Evola, al referirse a Nicolás Flamel, interpreta una de sus imágenes jeroglíficas —en la que aparece un Hombre Rojo con su pie sobre un León alado— como la representación del "León que devora toda naturaleza metálica (toda naturaleza individualizada) y la convierte en su propia esencia (no individualizada, en estado puro)", simbolizando la capacidad de este proceso para elevar al Hombre Rojo más allá de las "aguas de Egipto", es decir, alejándolo de la corrupción y el olvido. Esto implica invocar la fuerza y resistir la caída...

Sin embargo, a menudo resulta desafiante descifrar el verdadero significado detrás de las declaraciones de muchos "filósofos".

Vida de Nicolás Flamel

Nicolás Flamel, oriundo de una familia humilde pero altamente respetada por su integridad —"incluso por aquellos que le envidiaban", según sus propias palabras—, tuvo la fortuna de recibir una educación que aprovechó al máximo. Gracias a su habilidad en la escritura, logró establecerse como amanuense o escribano público, profesión que ejerció durante muchos años con dedicación.

Con la intención de asentarse en París, Flamel eligió un local cerca del cementerio de los Santos Inocentes, buscando un lugar que le permitiera trabajar con mayor comodidad. No pasó mucho tiempo antes de que ganara la simpatía de la gente local y asegurara una clientela fiel. Posteriormente, trasladó su oficina a otro emblemático barrio parisino, Saint-Jacques-la-Boucherie, que también dejaría una huella imborrable en su memoria.

Ya establecido como un artesano reconocido y con algunos ahorros en su haber, Flamel decidió casarse con quien sería su eterna compañera, Dama Perenelle, una viuda mayor que él que también contribuyó con bienes al matrimonio.

Por un largo periodo, la vida de quien se convertiría en un eminente alquimista y maestro del hermetismo transcurrió en una tranquila rutina típica de la pequeña burguesía, dedicándose plenamente a las labores de su oficio. Sin embargo, esta existencia monótona tomaría un giro radical tras el hallazgo de un misterioso libro que cambiaría su destino para siempre. Este encuentro no solo marcó el inicio de su viaje hacia el conocimiento oculto y la alquimia sino que también lo estableció como una de las figuras más fascinantes y enigmáticas del Renacimiento, cuya búsqueda de la sabiduría trascendental lo llevaría a descubrir los secretos de la transmutación y la inmortalidad.

La leyenda de Nicolás Flamel comienza a tomar forma tras su muerte en 1417, a la notable edad de ochenta y siete años, un detalle que resalta dada la baja esperanza de vida de la época. A pesar de haber acumulado una considerable fortuna, Flamel vivió con modestia, un rasgo característico de los verdaderos alquimistas, lo que le permitió evitar suspicacias y vivir sus años restantes en paz. Al final de su vida, donó todos sus bienes a su parroquia local, Saint-Jacques-la-Boucherie, marcando el inicio de su leyenda como un ejemplar de integridad tanto en la alquimia como en el esoterismo, similar a lo que ocurrió después de la muerte de Raimundo Lulio.

El Libro de las Figuras Jeroglíficas

Es una obra fascinante que narra el viaje de Nicolás Flamel en su búsqueda por descifrar la simbología sagrada de la alquimia. Desde el principio, Flamel se dedicó con pasión al estudio del manuscrito, aunque inicialmente sin éxito. Compartiendo su frustración con su esposa Perenelle, ambos se embarcaron en la gran aventura de comprender sus misteriosos signos, a pesar de los desafíos.

Determinado a desentrañar los secretos del libro, Flamel buscó la sabiduría de expertos en ciencias herméticas, aunque sin éxito inicial. Su perseverancia lo llevó a encontrarse con un maestro llamado Anselmo, quien, versado en medicina, le ofreció nuevas claves para interpretar los jeroglíficos y avanzar en el conocimiento de la Gran Obra.

A pesar de los esfuerzos continuos y los muchos años de trabajo, Flamel enfrentó numerosos fracasos, realizando incontables experimentos sin ver los signos descritos en el libro. En un momento de desesperación, prometió buscar la interpretación de las figuras con la ayuda de un rabino judío en España.

El "Libro de las Figuras Jeroglíficas" se distingue de otros tratados alquímicos por su enfoque único. En lugar de presentar métodos para alcanzar la Gran Obra, Flamel parte de la transmutación ya lograda, detallando los elementos y técnicas que hicieron posible este logro. La obra se divide en Ocho Figuras, a través de las cuales Flamel comparte los componentes y el proceso requerido para la alquimia, ofreciendo una visión práctica y basada en la realidad de este arte esotérico. Este enfoque, que parte de un hecho consumado en lugar de una teoría, ha contribuido a la popularidad y divulgación del libro, convirtiéndolo en una referencia esencial para aquellos interesados en el misterioso arte de la alquimia.

La obra se divide en ocho figuras, cada una revelando aspectos clave del proceso alquímico:

Primera Figura: Presenta un "Triple vaso" que simboliza el contenedor de los elementos alquímicos esenciales, incluyendo el huevo filosofal, representando el inicio del proceso de transmutación.

Segunda Figura: Muestra dos dragones, uno alado y otro no, representando los principios de lo fijo y lo volátil, o Azufre y Mercurio, fundamentales en la alquimia para la creación de la piedra filosofal.

Tercera y Cuarta Figuras: Ilustran la unión de las dos naturalezas, masculina y femenina, o los Cuatro Elementos, esenciales para la segunda etapa de la obra alquímica.

Quinta Figura: Depicta la resurrección alquímica sobre un campo verde, simbolizando la vitalidad y el crecimiento de la piedra filosofal.

Sexta Figura: Exhibe dos ángeles sobre un campo violeta y azul, representando las sustancias de Mercurio y Azufre, claves en la transmutación.

Séptima Figura: Muestra un hombre y una mujer en actitud de súplica, simbolizando la misericordia divina y la pureza necesaria para la alquimia.

Octava Figura: Presenta un hombre rojo y un león alado, indicando la culminación de la obra alquímica, donde la naturaleza metálica se transmuta en oro puro, liberando al alquimista de las ataduras terrenales.

Flamel concluye su tratado con una oración, esperando que el conocimiento adquirido se use para el bien del alma y la gloria del reino celestial.

Prestigio de Flamel

En el año 1382, coincidiendo con el momento en que, según relata, Nicolás Flamel logró con éxito la transmutación alquímica, se evidencian las primeras muestras de su vasta fortuna. De ser un modesto escribano, cuyos ingresos aparentaban provenir únicamente de su labor cotidiana, Flamel se transformó rápidamente en un hombre de riqueza, propietario de múltiples propiedades. Su nueva posición económica le permitió financiar la construcción de hospitales, la restauración de iglesias y capillas, y realizar generosas donaciones a obras de caridad. La gratitud hacia Flamel por parte de aquellos beneficiados por su generosidad se manifestó en rogativas y procesiones en su honor, las cuales, sorprendentemente, continuaron realizándose durante los siguientes cuatrocientos años.

La repentina prosperidad de Flamel no pasó inadvertida para las autoridades codiciosas, quienes informaron al rey de Francia. En aquel entonces, el monarca era Carlos VI, cuyo reinado estaba marcado por la debilidad y la enfermedad, además de estar inmerso en la prolongada Guerra de los Cien Años contra Inglaterra. A pesar de estos desafíos, el rey mostró interés en las especulaciones sobre la inesperada riqueza del artesano y envió a un miembro de su Consejo de Estado, el señor de Cramoisy, para investigar la situación.

El enviado real encontró a Flamel viviendo con una simplicidad tal que aún utilizaba vajilla de barro en su hogar. No obstante, se dice que Flamel compartió con Cramoisy un matraz lleno de su precioso polvo transmutador, el cual, según cuenta la tradición, fue atesorado por la familia del enviado durante mucho tiempo. Este gesto no solo demostró la sinceridad de Flamel sino que también aseguró su protección contra futuras indagaciones por parte de la corona. Este episodio subraya la habilidad de Flamel para navegar las complejidades de su nueva realidad, manteniendo su integridad y generosidad, al tiempo que protegía los secretos de su arte alquímico.

Nostradamus

Miguel de Notre Dame, más conocido como Nostradamus, es considerado uno de los videntes y astrólogos más destacados de la historia. Nacido en 1503 en Saint-Rémy-de-Provence, Francia, en el seno de una familia de origen judío, Nostradamus se convirtió al catolicismo y estudió medicina en Montpellier. A pesar de la escasez de detalles sobre esta etapa, se sabe que sus habilidades médicas le permitieron combatir una epidemia de peste en el sur de Francia, ganándose el reconocimiento y la admiración de muchos.

Nostradamus también se interesó profundamente por la astrología y las ciencias ocultas, llegando incluso a invocar con éxito a los espíritus según se afirma. Sin embargo, su fama mundial se debe principalmente a "Las Centurias", una obra críptica publicada en 1555 que ha generado tanto admiración como escepticismo. Escrita en un estilo enigmático, esta colección de profecías ha sido objeto de múltiples interpretaciones a lo largo de los siglos.

La arbitrariedad en la interpretación de las profecías de Nostradamus se debe en parte a su estilo críptico, diseñado para proteger al autor en un período de intensas tensiones religiosas y políticas en Europa. Los estudiosos han tendido a contextualizar sus interpretaciones en función de los eventos contemporáneos a su época, limitando así la comprensión de la visión global de Nostradamus. Esta tendencia ha llevado a una diversidad de interpretaciones que varían según el momento histórico, desde Luis XIV hasta la Segunda Guerra Mundial, pasando por la Revolución Francesa y el Imperio Napoleónico.

Esta diversidad de interpretaciones subraya la complejidad de la obra de Nostradamus y plantea preguntas sobre la naturaleza de la profecía y el esoterismo. Aunque algunas de sus predicciones parecen haberse cumplido con notable precisión, otras pueden ser vistas como el producto de la imaginación poética del autor. No obstante, Nostradamus sigue siendo una figura única en el ámbito de la profecía y el esoterismo, representando un enigma que continúa fascinando y desafiando a estudiosos y entusiastas del ocultismo.

Una de las interpretaciones más arbitrarias y debatidas de las profecías de Nostradamus se refiere a su supuesta predicción del ascenso de Adolf Hitler al poder en el siglo XX. En una de sus cuartetas, Nostradamus escribe:

"De lo más profundo del Occidente de Europa, De pobres gentes un niño nacerá, Que con su lengua seducirá a grandes multitudes, Su fama se incrementará hacia el reino de Oriente."

Algunos intérpretes han asociado "De lo más profundo del Occidente de Europa" con Austria, lugar de nacimiento de Hitler. La referencia a "un niño nacerá" se ha interpretado como una predicción del nacimiento de Hitler, y la frase "con su lengua seducirá a grandes multitudes" se ha visto como una alusión a las habilidades oratorias de Hitler, que efectivamente sedujo a la nación alemana y a muchos más allá de sus fronteras. Finalmente, "Su fama se incrementará hacia el reino de Oriente" se ha interpretado como la expansión del Tercer Reich hacia Europa Oriental.

Sin embargo, esta interpretación es un ejemplo claro de la arbitrariedad en la lectura de las profecías de Nostradamus. La cuarteta es lo suficientemente vaga como para permitir múltiples interpretaciones, y el enlace con Hitler se basa en la inserción de un contexto histórico específico en un texto que podría aplicarse a numerosas figuras a lo largo de la historia. Además, la tendencia a conectar profecías con eventos pasados se beneficia del conocimiento retrospectivo, lo que permite a los intérpretes ajustar los detalles para que coincidan con los hechos históricos conocidos.

Este tipo de interpretación arbitraria subraya cómo las profecías de Nostradamus pueden ser moldeadas para encajar en una amplia gama de eventos, dependiendo de la perspectiva del intérprete y del contexto histórico en el que se busque aplicarlas. La ambigüedad inherente a sus escritos hace que sea posible encontrar "cumplimientos" de sus profecías en muchos momentos y lugares, lo que a su vez perpetúa el misterio y la fascinación en torno a su figura y su obra.

Paracelso

Su nombre completo era Aureolus Phillipus Theofrastus Bombast von Hohenheim, nació en 1493 en Einsiedeln, Suiza. Hijo de un médico con intereses en metalurgia y ocultismo, Paracelso heredó estas pasiones, desarrollando desde joven un profundo respeto por la naturaleza y un desdén por la educación convencional, optando por un aprendizaje autodidacta enriquecido por su padre. A pesar de su desinterés por el latín, idioma esencial para los profesionales de su época, Paracelso se convirtió en un influyente médico y maestro esotérico, criticando la adherencia ciega de sus colegas a las enseñanzas tradicionales y abogando por una investigación más profunda de la naturaleza.

Paracelso veía el cuerpo humano como la verdadera morada del alma, una creencia que fundamentaba su enfoque holístico de la medicina, que integraba aspectos físicos, espirituales y cósmicos. Sostenía que el conocimiento divino era esencial para la práctica médica, argumentando que la verdadera religión, que reconecta lo divino con lo terrenal, era la base de toda curación. Para él, la armonía interior era crucial para la salud, y consideraba que un médico debía poseer conocimientos de astrología, teología y alquimia para comprender y tratar efectivamente a sus pacientes.

El final de la vida de Paracelso fue tan dramático como su existencia. En 1541, encontró la muerte en Salzburgo, bajo circunstancias misteriosas que incluyen teorías de apoplejía o un asesinato por golpe en la cabeza, confirmado por la fisura encontrada en su cráneo durante la exhumación de su cadáver en el siglo pasado. A pesar de su controvertida vida, Paracelso dejó un legado duradero en campos como la homeopatía, la terapia medicinal y el estudio de la psique humana, demostrando ser un espíritu libre y un pionero en el verdadero sentido de la palabra.

Paracelso es recordado no solo por sus contribuciones a la medicina sino también por su actitud desafiante hacia la ignorancia y la conformidad. Su decisión de quemar públicamente los textos de Avicena y Galeno en Basilea es emblemática de su desprecio por el conocimiento anticuado y su compromiso con el avance del entendimiento médico. A través de su vida y obra, Paracelso encarna el ideal del inconformista, cuya búsqueda incansable de la verdad y la innovación lo establece como una figura trascendental en la historia de la medicina y el esoterismo.

Enseñanzas de Paracelso

Paracelso se guiaba por un lema que reflejaba su autenticidad y determinación: "No seas otro si puedes ser tú mismo". Este principio lo llevó a desarrollar su propio sistema cosmogónico, desafiando los conocimientos tradicionales y estereotipados de su época. Como astrólogo, médico, antropólogo, erudito y mago, Paracelso naturalmente generó controversias y antipatías, las cuales parecía ignorar con indiferencia.

A pesar de ser percibido como arrogante por algunos, Paracelso demostró un profundo amor y preocupación por el bienestar de sus semejantes, esforzándose por aliviar el sufrimiento que observaba. Esta compasión lo impulsó a combatir la incompetencia y el engaño prevalentes en la práctica médica de su tiempo. Criticaba abiertamente la dependencia ciega de sus colegas en las enseñanzas de figuras históricas como Hipócrates, Galeno y Avicena, argumentando que la verdadera sabiduría médica proviene de la experiencia y la razón, no de la mera repetición de antiguas doctrinas.

Paracelso enfatizaba la importancia de la experiencia directa sobre la autoridad de los textos antiguos, rechazando las teorías tradicionales de los temperamentos y los humores que, según él, fallaban en explicar adecuadamente las enfermedades y sus causas. Su enfoque innovador y basado en la experiencia quedó plasmado en sus escritos y enseñanzas durante su cátedra en Basilea, destacando su espíritu inquisitivo y su adelanto a su tiempo.

La influencia de su mentor, el abad Tritemo, y su posible participación en una sociedad secreta de herméticos, podrían haber contribuido a su posición en la universidad, a pesar de carecer de títulos académicos convencionales. Sin embargo, la envidia de sus colegas lo llevó a ser difamado como un "mago monstruoso" y otros calificativos despectivos.

A pesar de estas críticas, los conocimientos ocultistas de Paracelso y su habilidad para aplicarlos efectivamente lo distinguieron de sus contemporáneos menos informados. Su legado trasciende los insultos y las controversias, destacándolo como un pionero cuya visión elevó el campo de la medicina y el esoterismo más allá de las limitaciones de su tiempo.

Ramón Llull

También conocido como Raimundo Lulio, fue un destacado maestro hermético del medioevo, nacido en Mallorca en 1235 y fallecido en 1315 tras regresar de Argelia, donde sufrió heridas mortales. Conocido posteriormente como "Doctor Iluminatus" por la Iglesia, la vida de Lulio estuvo marcada por una juventud de aventuras y disipaciones, tal como él mismo relata en su autobiografía, "Vida coetánea". Sin embargo, un amor no correspondido por Ambrosia Castell lo impulsó a abandonar su vida de excesos.

Hijo de un noble que acompañó al rey Jaime I en la conquista de Mallorca, Lulio disfrutó de una juventud privilegiada, dilapidando su fortuna en placeres cortesanos y llegando a ser preceptor y amigo del príncipe heredero, Jaime II. A pesar de casarse joven y tener dos hijos, Lulio no tardó en abandonar a su familia por aventuras amorosas, incluyendo un escandaloso episodio en el que irrumpió a caballo en una iglesia.

La transformación de Lulio se debió a su fascinación por los libros y una revelación provocada por Ambrosia Castell, quien, resistiéndose a sus avances, le mostró las marcas de una enfermedad en su cuerpo, instándolo a buscar un amor más trascendental en Jesucristo. Esta experiencia, junto con una crisis nerviosa y visiones de Cristo, lo convencieron de dedicar su vida a la fe y la conversión de otros.

Abandonando su posición y riquezas, Lulio emprendió una peregrinación a Compostela y luego se retiró a una vida contemplativa en Mallorca, donde concibió su obra "Ars Magna", destinada a difundir la fe cristiana entre los no creyentes. La vida de Lulio, de cortesano a místico y evangelizador, refleja una transformación profunda, guiada por su compromiso con un principio de autenticidad: "No seas otro si puedes ser tú mismo", una divisa que mantuvo a pesar de los conflictos que le generó. Su legado, que se extiende desde Shakespeare hasta Goethe y más allá, lo consagra como un espíritu libre y un innovador, cuya influencia perdura hasta nuestros días.

La vida aventurera de Raimundo Lulio tomó un giro hacia la

búsqueda de un sacrificio personal, que él consideraba esencial para su propia transformación espiritual. Esta convicción lo llevó a regresar al norte de África, un lugar donde previamente había enfrentado adversidades significativas. En su tercer viaje a esta región, específicamente a Túnez y luego a Bujía, Lulio intentó predicar a las multitudes, lo que terminó en un trágico desenlace cuando fue apedreado por una turba enfurecida.

Su anhelo de martirio se materializó finalmente. Comerciantes cristianos lo rescataron y lo embarcaron hacia Mallorca, donde falleció el 29 de junio de 1315, casi al alcanzar su tierra natal. Lulio, un erudito alquimista que creía en el poder de las estrellas y entendía "el lenguaje de los pájaros", y que tenía una profunda afinidad por los símbolos cabalísticos, dejó este mundo en busca de verdades ocultas.

Tras su muerte, surgieron incontables leyendas sobre su vida, convirtiendo su tumba en un sitio de peregrinación, especialmente para aquellos jóvenes que lo habían admirado y respetado como a un gran maestro. Su obra "El Libro del Amigo y del Amado" se convirtió en una fuente de inspiración mística y poética, un tesoro espiritual del que sus seguidores nunca se cansaron de aprender.

Aspectos relevantes de su obra.

El Arte Combinatoria: Lulio es conocido por su desarrollo del "Ars Magna" o "Arte Combinatoria", un método para descubrir la verdad a través de la combinación de atributos divinos. Este sistema pretendía ser una herramienta universal de conocimiento que pudiera aplicarse tanto en la teología como en la ciencia, con el objetivo de demostrar la unidad de la verdad en todas las disciplinas.

1. **La Apologética Cristiana**: Lulio dedicó gran parte de su vida a la evangelización y al diálogo interreligioso, especialmente entre cristianos, musulmanes y judíos. Su obra "El Libro del Gentil y los Tres Sabios" es un ejemplo de su enfoque en la apologética cristiana, buscando la conversión de los no cristianos a través del razonamiento y el diálogo en lugar de la fuerza.

2. **La Mística**: Lulio fue también un místico, y sus escritos reflejan una profunda experiencia espiritual y una búsqueda constante de la unión con Dios. "El Libro del Amigo y del Amado" es una obra poética que explora el amor místico y la relación entre el alma y Dios, destacando su habilidad para expresar conceptos teológicos complejos a través de la poesía.

3. **La Ética y la Filosofía Moral**: Lulio abordó temas éticos y morales con el propósito de promover una sociedad más justa y piadosa. En obras como "El Árbol de la Ciencia", examina las virtudes y los vicios, la ley natural y la importancia de la ética en la vida cotidiana.

4. **La Influencia en la Ciencia y el Pensamiento Occidental**: Aunque Lulio no es recordado principalmente como científico, sus ideas sobre la clasificación del conocimiento y su método combinatorio influyeron en el desarrollo posterior del pensamiento científico y filosófico en Occidente. Figuras como Giordano Bruno, Leibniz y otros filósofos y científicos posteriores reconocieron la importancia de su obra.

Roger Bacon

Roger Bacon, nacido en 1214 en Ilchester, se convirtió en una figura emblemática de la erudición medieval, mereciendo el título de "Doctor Admirabilis" por la Iglesia católica. Su conocimiento abarcaba desde las matemáticas hasta la física, química, astronomía y medicina, destacándose también en la práctica de la alquimia. A pesar de su vasta sabiduría, Bacon enfrentó una vida llena de adversidades, incluyendo periodos en prisión, debido a la desconfianza y hostilidad de la jerarquía eclesiástica.

Educado en las prestigiosas universidades de Oxford y París, Bacon se convirtió en profesor de teología y se unió a la orden franciscana, dedicándose intensamente al estudio de diversas disciplinas. Su temprana vida estuvo marcada por desafíos, incluyendo la necesidad de abandonar Inglaterra por motivos políticos y subsistir copiando manuscritos para estudiantes, una labor que casi compromete su salud.

Bacon se distinguió por su enfoque en la investigación experimental como complemento del conocimiento autoritario, criticando la superstición y proponiendo explicaciones naturales a fenómenos malentendidos como mágicos o sobrenaturales. Su interés por la alquimia lo llevó a ser reconocido como un impulsor del "Arte Real", y se rumorea que incluso descubrió la piedra filosofal.

Durante su estancia en París, donde fue nombrado doctor en teología, Bacon se sumergió en el estudio de la alquimia dentro del convento franciscano. Sus conocimientos avanzados le permitieron realizar demostraciones que asombraban a sus contemporáneos, como encender fuego con cristales de aumento, evidenciando su profundo entendimiento científico.

Bacon abogaba por cuestionar y, si necesario, rechazar las doctrinas filosóficas y metafísicas aceptadas, defendiendo la idea de que la forma es la esencia del ser. Su crítica a las corrientes filosóficas de su tiempo, tanto nominalistas como realistas, lo colocó en una posición peligrosa, desafiando los paradigmas establecidos y enfrentándose a la filosofía dominante de su era.

Roger Bacon defendía la idea de que el conocimiento era resultado de una impresión directa en el espíritu, argumentando que Dios había revelado a los primeros hombres no solo principios religiosos y morales, sino también las ciencias esenciales para la organización social. Sus obras principales, "Opus Maius", "Opus Minus" y "Opus Tertium", critican la ignorancia que oprime a la humanidad y abogan por el avance científico y el estudio de la naturaleza, incluyendo la alquimia y la transmutación de materiales como medios para progresar en el conocimiento.

Sin embargo, expresarse con tal franqueza era peligroso en su tiempo. Profundizar en los misterios de la materia y desafiar el orden establecido por la jerarquía eclesiástica se consideraba una transgresión imperdonable. Bacon, por su naturaleza rebelde y sus intentos de fundamentar una ciencia integral, fue etiquetado de hereje, un acto de osadía que eventualmente le costaría caro.

La Iglesia, en su poder absoluto, no tardó en actuar contra Bacon, acumulando acusaciones de herejía, brujería y prácticas alquímicas prohibidas. Fue arrestado, encarcelado y condenado a las mazmorras, víctima de una época que veía con recelo cualquier desafío a su autoridad. La breve paz que disfrutó bajo el papado de Clemente IV, para quien había escrito varios tratados, terminó siendo solo un paréntesis en una vida marcada por la persecución y el conflicto con el poder eclesiástico.

Aportes de Bacon

1. **Método Científico**: Aunque el método científico como lo conocemos hoy fue desarrollado mucho después de Bacon, él es uno de los precursores de la idea de que la experimentación y la observación son fundamentales para el avance del conocimiento científico. Bacon enfatizó la importancia de la experiencia directa y la experimentación sobre la autoridad de los textos antiguos.

2. **Óptica**: Bacon realizó importantes estudios sobre la luz y la visión, incluyendo la explicación del funcionamiento de los espejos y las lentes. Sus trabajos en óptica fueron tan avanzados para su época que incluso se le atribuye haber sentado las bases para la invención de los anteojos.

3. **Alquimia y Química**: Aunque practicaba la alquimia, Bacon promovió un enfoque más empírico y experimental de la transformación de los materiales, lo que puede considerarse un antecedente temprano de la química moderna. Defendió la idea de que el conocimiento de la composición y las propiedades de las sustancias era crucial para la medicina y la tecnología.

4. **Astronomía y Astrología**: Bacon reconoció la importancia de la astronomía para la comprensión del universo y criticó las prácticas supersticiosas de la astrología de su tiempo. Sin embargo, también exploró cómo los fenómenos celestes podían influir en el mundo natural de manera racional y empírica.

5. **Educación**: Bacon fue un crítico del sistema educativo de su época, argumentando que el aprendizaje debía basarse en la observación directa y la experiencia en lugar de la repetición de conocimientos antiguos. Abogó por una reforma educativa que incluyera el estudio de las lenguas, las ciencias y la matemática.

6. **Lenguaje Universal**: Propuso la idea de un lenguaje universal o "lengua general" que pudiera ser entendido por personas de diferentes lenguas y culturas, anticipando conceptos modernos de comunicación y lingüística.

7. **Crítica a la Autoridad**: Bacon fue notablemente crítico con la autoridad eclesiástica y académica de su tiempo, defendiendo que el conocimiento y la verdad debían ser buscados a través de la razón y la evidencia empírica, en lugar de aceptar ciegamente las doctrinas establecidas.

El obispo Sinesio

Sinesio, destacado miembro de la escuela esotérica de Alejandría, nació alrededor del 365 en Cirene, Libia. Su juventud lo llevó a Alejandría, atraído por la reputación de Hipatia, una mujer célebre por su enseñanza de la filosofía platónica. Bajo su tutela, Sinesio desarrolló un profundo respeto por el conocimiento, sometiendo sus primeras obras al escrutinio de su mentora.

Con el tiempo, Sinesio amplió sus intereses hacia la ciencia hermética, viajando a Atenas en busca de sabiduría. Sin embargo, se encontró con una ciudad que había perdido su antiguo esplendor filosófico, transformándose en un lugar dominado por el comercio. De vuelta en Cirene, y después de un periodo de retiro, Sinesio fue enviado a Constantinopla como emisario de su ciudad, donde se convirtió al cristianismo, se casó en Alejandría y finalmente fue nombrado obispo de Tolemaida.

Entre sus obras se destaca un tratado sobre los sueños, reflejo de su interés por lo sobrenatural. Una anécdota notable de su vida involucra a un amigo hermético, Evagro, quien, antes de convertirse al cristianismo, le pidió a Sinesio que distribuyera una suma de oro entre los pobres a cambio de una promesa escrita de recompensa celestial. Años después de la muerte de Evagro, Sinesio soñó con él informándole que había recibido su recompensa en el más allá. Al exhumar la tumba de Evagro, encontraron el recibo de Sinesio en sus manos, con una nota adicional que confirmaba la recompensa celestial, un evento que maravilló a todos y subrayó la conexión entre el esoterismo alejandrino y la fe en lo sobrenatural.

La vida y obra de Sinesio de Cirene ilustran la fusión de la filosofía platónica, la ciencia hermética y el cristianismo, destacando su papel como puente entre el conocimiento antiguo y las creencias espirituales de su tiempo. Su historia, especialmente la relacionada con su amigo Evagro, resalta la intersección entre la fe, la amistad y el más allá, elementos centrales en el esoterismo de la época.

Sinesio y los gnósticos

Sinesio de Cirene, ubicado en el vibrante entorno cultural de Alejandría, se encontró en el corazón de un crisol de conocimientos que amalgamaba las tradiciones orientales con los remanentes del mundo helénico. Alejandría, superando a una Atenas en declive, se convirtió en el epicentro de un renacimiento esotérico y místico, donde el gnosticismo floreció como una corriente filosófica que exploraba profundamente lo oculto, empleando fórmulas mágicas, encantamientos y palabras de poder derivadas de la mística hebrea y los antiguos cultos egipcios.

El gnosticismo, con su rica y compleja doctrina, atrajo a muchos eruditos herméticos de la época, incluido Sinesio. A pesar de su posición como obispo, Sinesio se sumergió en la escritura de himnos gnósticos, los cuales se desviaban notablemente de la doctrina cristiana ortodoxa, demostrando su fascinación por las enseñanzas gnósticas y su disposición a explorar más allá de los límites de la fe tradicional.

Este movimiento gnóstico, junto con el posterior desarrollo del neoplatonismo, abrió las puertas a un universo mágico y esotérico, atrayendo a filósofos, pensadores y sabios. Con el traslado del legado cultural de Atenas a Roma, la influencia de adivinos, taumaturgos, profetas y magos se hizo sentir tanto en las élites como en el pueblo, marcando el final de una era de esoterismo antiguo con figuras emblemáticas como Apolonio de Tiana y Simón el Mago.

La conexión de Sinesio con los gnósticos ilustra la intersección entre el cristianismo temprano y las tradiciones esotéricas, reflejando un período de rica sincretización cultural y espiritual en el que las fronteras entre las distintas corrientes de pensamiento eran fluidas y permeables. Su obra, impregnada de elementos gnósticos, ofrece un testimonio valioso de la complejidad del pensamiento religioso y filosófico de su tiempo, destacando su papel como un puente entre diferentes mundos de conocimiento.

El abad Tritemo

Johannes Trithemius, nacido alrededor de 1462 en Tritenheim, cerca de Tréveris, es una figura enigmática en la historia de las ciencias ocultas. Educado en la Universidad de Heidelberg, Trithemius encontró a un enigmático mentor que lo introdujo en el mundo de las ciencias ocultas, marcando el inicio de su profundo viaje espiritual y académico.

Durante un viaje de regreso a su ciudad natal, una intensa nevada lo obligó a refugiarse en el monasterio benedictino de Sponheim, donde su encuentro con la vida monástica lo llevó a adoptarla permanentemente. Su elección como abad a la temprana edad de veintidós años, tras la muerte del anterior abad en 1483, fue un testimonio de su carácter excepcional y su dedicación, en un momento en que el monasterio enfrentaba un grave deterioro físico y moral.

Bajo su liderazgo, Trithemius no solo restauró las instalaciones del monasterio sino que también revitalizó el espíritu y la disciplina de la comunidad monástica, introduciendo nuevas actividades como la jardinería y la copistería. Su esfuerzo por ampliar la biblioteca del monasterio resultó en una impresionante colección de varios miles de volúmenes para 1503, atrayendo la atención de viajeros, reyes y emperadores, quienes buscaban su sabiduría y erudición.

La fama de Trithemius se extendió más allá de los muros del monasterio, llevándolo a la corte del emperador Maximiliano en 1482, donde realizó una invocación espiritual para aconsejar al emperador sobre su próximo matrimonio. Esta hazaña, junto con su habilidad para predecir eventos futuros y designar a la sucesora de la emperatriz, solidificó su reputación como un maestro de lo oculto.

Sin embargo, en 1506, Trithemius tuvo que dejar su abadía para servir en la corte de un príncipe palatino, un cambio que marcó el final de su tiempo en Sponheim. Atrapado por una enfermedad prolongada y enfrentando la rebelión de sus monjes, que anhelaban un estilo de vida menos austero, Trithemius nunca regresó a su querido monasterio ni a su valiosa biblioteca, cerrando así un capítulo significativo en la vida de este destacado abad y erudito de las ciencias ocultas.

Maestro esotérico

Johannes Trithemius, tras ser nombrado abad del monasterio de San Jacobo en Wurzburgo, dedicó el resto de su vida a la escritura de tratados fundamentales sobre ocultismo y alquimia. Aunque no hay certeza de que alcanzara la piedra filosofal, sus obras discuten ampliamente la posibilidad de transmutaciones mediante métodos específicos. Trithemius concebía la piedra filosofal no como un objeto tangible, sino como un principio universal, el "spiritus mundi", emanación directa de la divinidad que impregna toda la creación, disolviendo la distinción entre lo divino y lo terrenal.

La simplicidad y humildad caracterizaban a Trithemius, rasgos que, según él, eran esenciales para los verdaderos maestros esotéricos. Sus escritos, a menudo codificados y llenos de profundidad espiritual, se presentaban de manera que pudieran expresar ideas complejas de forma sutil y accesible. Esta metodología no solo protegía sus enseñanzas de la censura, sino que también permitía que sus seguidores, iniciados en el esoterismo, encontraran capas más profundas de significado en su trabajo.

La influencia de Trithemius se extendió ampliamente en el ámbito esotérico, atrayendo a ocultistas y alquimistas que estudiaban sus textos con gran interés. Figuras prominentes como Paracelso y Heinrich Cornelius Agrippa se vieron notablemente influenciadas por sus ideas, evidenciando el impacto duradero de Trithemius en el desarrollo del pensamiento esotérico y alquímico. Su legado, arraigado en la integración de lo divino con el conocimiento oculto, continúa siendo un punto de referencia para los estudiosos de las ciencias místicas.

Siete causas segundas

La obra maestra del abad Johannes Trithemius, "Siete causas segundas", representa una fusión única de esoterismo, hermetismo y religiosidad, destinada a un público selecto y entendido, lejos del alcance de los profanos. En este tratado de genealogías ocultistas, Trithemius presenta a los siete ángeles o ministros divinos como las causas secundarias que actúan bajo la voluntad de Dios, la Causa Primera, en la gestión del universo.

El tratado comienza con Orifiel, el ángel asociado al espíritu de Saturno, quien asume el gobierno del cosmos tras la conclusión de la Creación por parte de Dios. Lo notable de la obra es la meticulosa cronología que Trithemius asigna al dominio de cada ángel, detallando días, meses y años, desde el amanecer de la existencia hasta el año 1879. La elección de este año específico para finalizar su cronología es un misterio que Trithemius se llevó a la tumba, sugiriendo que sería el fin del periodo de influencia del último ángel, Gabriel.

Escrito en latín, el libro de Trithemius es un complejo entramado de teorías esotéricas y profecías, donde la sucesión de ángeles gobernantes sirve como marco para predecir el futuro basándose en el orden establecido desde tiempos inmemoriales. Aunque a primera vista puede parecer una colección de teorías incomprensibles y afirmaciones extravagantes para el lector no iniciado, es crucial reconocer que Trithemius empleó un lenguaje codificado, implicando que la verdadera comprensión de su obra requiere de claves interpretativas específicas, perdidas con el fallecimiento del abad.

Esta obra subraya la profundidad del pensamiento de Trithemius en la intersección de lo divino con el orden cósmico, destacando su papel como una figura trascendental en la tradición esotérica y hermética, cuyo legado continúa desafiando a los estudiosos por su riqueza simbólica y su complejidad interpretativa.

Thomas Vaughan

(1622-1666): Un filósofo hermético y alquimista galés, conocido por sus escritos esotéricos bajo el seudónimo de Eugenius Philalethes. Vaughan estaba profundamente interesado en la alquimia como una vía espiritual hacia la purificación y la transformación del ser.

Contexto Histórico y Biografía

Thomas Vaughan nació en 1622 en Gales, en un período de intensa agitación política y religiosa en Inglaterra y sus territorios. Este contexto histórico, marcado por las Guerras Civiles Inglesas y un profundo cuestionamiento de las estructuras religiosas y políticas establecidas, influyó significativamente en el desarrollo intelectual y espiritual de Vaughan. La época fue testigo de un renacimiento del interés por el esoterismo, la alquimia y el hermetismo, como reacción tanto a la rigidez de la ortodoxia religiosa como al emergente racionalismo científico.

Criado en un ambiente que valoraba la educación y el conocimiento, Vaughan se sumergió desde joven en los estudios clásicos y las ciencias naturales, mostrando un temprano interés por los misterios de la naturaleza y el potencial de la alquimia para explorar las profundidades del cosmos y del ser humano. A pesar de que los detalles específicos de su educación son escasos, es evidente que Vaughan recibió una formación que lo puso en contacto con las corrientes filosóficas y científicas de su tiempo, preparándolo para su futura carrera como filósofo hermético.

La vida de Vaughan estuvo marcada por la búsqueda de un conocimiento más profundo y espiritual, lo que lo llevó a adoptar el seudónimo de Eugenius Philalethes. Bajo este nombre, publicó una serie de obras que lo establecieron como una figura central en el pensamiento esotérico del siglo XVII. Su trabajo refleja una combinación de la tradición hermética con una interpretación personal de la alquimia, vista no solo como una práctica para la transmutación de metales, sino como un camino hacia la purificación y transformación espiritual.

Filosofía y Enseñanzas Esotéricas

Thomas Vaughan, conocido en el mundo esotérico como Eugenius Philalethes, abordó la alquimia con una perspectiva que trascendía la mera transmutación de metales. Para Vaughan, la alquimia era ante todo una disciplina espiritual, un camino hacia la purificación del alma y la transformación interior. Su enfoque integraba la práctica alquímica con una profunda búsqueda espiritual, viendo en el laboratorio alquímico un microcosmos donde se reflejaban los procesos espirituales del individuo.

Vaughan interpretó el hermetismo no solo como un cuerpo de conocimientos ocultos, sino como una sabiduría viva que ofrecía una vía de acceso directo a lo divino. A través de sus escritos, promovió una visión del hermetismo que enfatizaba la unión mística con Dios, considerando la naturaleza como un libro abierto en el que se podían leer las huellas de lo sagrado. Para él, el verdadero alquimista era aquel que lograba comprender y vivir según las leyes divinas manifestadas en el cosmos.

Obras Principales

Entre las obras más significativas de Thomas Vaughan se encuentra una serie de tratados que, bajo su seudónimo, exploran las profundidades del esoterismo y la alquimia. Sus textos se caracterizan por una mezcla de erudición y misticismo, ofreciendo una interpretación personal y espiritual de la tradición hermética.

Uno de sus trabajos más influyentes es "Anthroposophia Theomagica", donde Vaughan expone su visión del hombre como microcosmos y su relación con el macrocosmos, subrayando la importancia de la alquimia como medio para alcanzar la sabiduría divina. En "Lumen de Lumine", Vaughan profundiza en la idea de la luz espiritual como principio fundamental de la creación y la iluminación personal.

Los temas recurrentes en sus escritos incluyen la búsqueda de la piedra filosofal, entendida no solo como un objetivo material, sino como un símbolo de la perfección espiritual. Vaughan veía en la alquimia una metáfora del proceso de unión mística con lo divino, donde el alquimista, a través de su obra, se transforma y se acerca a la divinidad.

La contribución de Thomas Vaughan al corpus literario del esoterismo y la alquimia es notable por su capacidad para entrelazar la práctica alquímica con una profunda experiencia mística. Sus obras continúan siendo un referente para aquellos interesados en explorar las dimensiones espirituales de la alquimia y el hermetismo, ofreciendo una perspectiva única sobre la transformación interior y la búsqueda de lo sagrado.

Legado

A lo largo de su vida, Vaughan se enfrentó a los desafíos de una sociedad que a menudo veía con sospecha o abiertamente rechazaba las prácticas esotéricas y alquímicas. Sin embargo, su dedicación a estos campos no disminuyó, y continuó escribiendo y explorando los misterios de la alquimia hasta su muerte en 1666. A pesar de las dificultades, Vaughan dejó un legado duradero como uno de los alquimistas más influyentes y espiritualmente profundos de su época, cuyas obras continúan inspirando a aquellos interesados en el esoterismo y la transformación espiritual.

Santa Teresa de Ávila: La Mística del Éxtasis

Santa Teresa de Ávila, también conocida como Teresa de Jesús, no fue solo una monja carmelita española; fue una revolucionaria del espíritu, una maestra de la oración y una poeta del éxtasis divino. Nacida en 1515 en Gotarrendura, en la Corona de Castilla, Teresa se convirtió en la figura central de la reforma carmelita y dejó un legado imborrable en la espiritualidad cristiana a través de sus escritos y su práctica mística.

Vida y Obra: Un Camino de Luz y Sombra

Desde joven, Teresa mostró una inclinación hacia la vida contemplativa, pero su camino no estuvo exento de obstáculos. Su juventud estuvo marcada por enfermedades y luchas internas, que más tarde se convertirían en el combustible de su búsqueda espiritual. A los 20 años, ingresó al convento de la Encarnación en Ávila, pero fue su experiencia mística profunda, a mediados de la vida, la que transformó su existencia y la de muchos otros.

Teresa describió sus experiencias místicas con una claridad y profundidad asombrosas, especialmente en obras como "El libro de la vida", "Camino de perfección" y "Las Moradas". En ellas, no solo relata su viaje espiritual sino que también ofrece guía y consuelo a otros en su búsqueda de la unión con lo divino.

La Reforma Carmelita: Un Legado de Renovación

Insatisfecha con la laxitud que observaba en la vida conventual de su época, Teresa emprendió la reforma de la Orden Carmelita, fundando el convento de San José en Ávila y estableciendo las bases de los Carmelitas Descalzos. Su reforma, centrada en la pobreza, la oración y la contemplación, enfrentó resistencias pero finalmente se consolidó como un movimiento de renovación espiritual.

Mística y Maestra: Enseñanzas para el Alma

Teresa de Ávila es venerada no solo como una santa y mística, sino también como una maestra espiritual. Sus enseñanzas sobre la oración contemplativa, la importancia de la humildad, el amor divino y la perseverancia en el camino espiritual continúan resonando con buscadores de todas las tradiciones. Su famosa metáfora del "castillo interior" es una invitación a explorar las profundidades del alma y encontrar a Dios dentro de nosotros.

Un Legado Eterno

Santa Teresa de Ávila fue canonizada en 1622 y declarada Doctora de la Iglesia en 1970, la primera mujer en recibir tal honor. Su vida y obra siguen siendo una fuente de inspiración y guía para aquellos que buscan profundizar en su vida espiritual. Teresa nos enseña que el camino hacia lo divino está pavimentado con la oración, el amor y una inquebrantable fe en la posibilidad de la unión con Dios.

Palabras finales

Al cerrar las páginas de este viaje a través de las vidas y enseñanzas de los maestros esotéricos, nos encontramos en la orilla de un vasto océano de conocimiento, habiendo apenas mojado nuestros pies en sus aguas profundas y misteriosas. Este libro ha sido una invitación a sumergirse en el rico legado de aquellos que, a lo largo de los siglos, han explorado los confines de la espiritualidad, la alquimia y el misticismo, dejando tras de sí un camino iluminado por su búsqueda de la verdad y la trascendencia.

Las historias de estos maestros esotéricos, desde Giordano Bruno hasta Santa Teresa de Ávila, pasando por Paracelso y Thomas Vaughan, nos recuerdan que la búsqueda del conocimiento espiritual y la transformación interior es una empresa tan antigua como la humanidad misma. A través de sus vidas y obras, hemos vislumbrado cómo cada uno de ellos abordó el misterio de la existencia y cómo sus enseñanzas pueden seguir inspirando a las generaciones actuales en su propio camino espiritual.

Hemos aprendido que la alquimia no es solo la transmutación de los metales, sino la transformación del alma humana; que la mística no es solo la unión con lo divino, sino el reconocimiento de lo sagrado en lo cotidiano; y que el hermetismo no es solo un cuerpo de conocimientos ocultos, sino una forma de ver el mundo que nos rodea y nuestra propia naturaleza.

Este libro no pretende ser un punto de llegada, sino un punto de partida: una invitación a continuar explorando, cuestionando y buscando. Los maestros esotéricos nos enseñan que el camino hacia la sabiduría y la iluminación es personal e intransferible, pero que las señales y guías que necesitamos para avanzar en nuestra búsqueda a menudo se encuentran escondidas en las enseñanzas del pasado.

En conclusión, este viaje a través de las vidas y enseñanzas de los maestros esotéricos nos deja con una profunda apreciación por la riqueza y diversidad del pensamiento espiritual a lo largo de la historia. Nos recuerda la importancia de mantener viva la llama de la búsqueda espiritual y nos alienta a seguir explorando los misterios de la vida y del universo con mente abierta y corazón dispuesto. Que las enseñanzas de estos maestros sean faros que iluminen nuestro camino y nos inspiren a seguir adelante en nuestra propia búsqueda de la verdad y la trascendencia.